放送大学叢書034

戦前史のダイナミズム

戦前史のダイナミズム　目次

◉第一章

明治史の「流れ」と幕末・維新期の「歴史物語」

歴史が政治にからめとられて久しい。口を開けば、戦争責任だ、謝罪だとまことに囂《かしま》しくなっています。一九八〇年代初頭の教科書問題に端を発し、九〇年代のいわゆる従軍慰安婦問題でそれは決定的となりました。

そして今や日本の枠を越え、中国・韓国をまきこんでの歴史認識の問題が国際政治化するのに加えて、国内的には〝自虐史観〟の克服をめざす「新しい歴史教科書をつくる会」が九〇年代後半に結成されることにより、歴史認識をめぐる政治運動が左右を問わず常態化しています。

かくて二十世紀の最後の十年は、政治が過去の歴史認識を問うという新しい段階に入りました。しかし政治運動の常として、個別歴史事象にせよ、全体を眺める歴史観にせよ、それは正邪の対立構造を顕わにしていきます。すなわち国際政治上の東西冷戦が終わったまさにその時点から、今度は歴史認識をめぐっての〝冷戦〟が始まったのです。

この新しい〝冷戦〟は、それこそ総力戦の様相を呈しています。まず第一にいずれの側も、書き手・読み手を問わず多くの〝シロウト〟の動員をはかる。次いで第二に、たえざる争点化と、マクロ・ミクロ双方のレベルでの争点の「証明」への努力をおさおさ怠らないようにする。その意味で言えば、狭く限られた学界以外の人間が大量に参入し、あれこれ論ずることによって、歴史のフィールドは急速に広がることになりました。

これは実は画期的なことでした。というのも高度成長の果実が実り出した一九六〇年代以来、学者の領域と小説家・ノンフィクション作家の領域とに、暗黙のうちに二分されていた歴史の世界の境界が、これら新規参入者たちの活動によって、曖昧になり、その再編の可能性が生じているからです。

政治運動化に伴う歴史のフィールドの拡大

一般読者に読まれることのない学者の著作と、学者が読まぬふりをする作家の物語というすみわけ。こんな不毛な事態が続いたのは、やはり学者の側の責任が大きい。知る人ぞ知る存在たるべしという権威主義と、学界内の世界がこの世のすべてと思いこむ夜郎自大性とが相俟《あいま》って、一方で空虚な理論研究に、他方でマニアックな実証研究に自らを封じこめていったからです。そのことの是非は、後に論ずることにしましょう。

話を元に戻して、昨今の政治運動化に伴う歴史のフィールドの拡大は、ほかに何をもたらそうとしているのでしょうか。歴史のある断面を捉えての論争は、正邪決定の闘いであるだけに、最初に立場ありきの場合が多く、それだけに議論は硬直化しがちです。しかもこの手の論争は、相互に微に入り細をうがっているうちに、とめどなき迷路に迷いこみがちです。だから教科書問題をめぐる論争が、結局は政治決着にしかなりえないところに、正直な話、何ともいえぬ味けなさを実感します。

とはいえ政治運動による歴史認識の活性化は、思わぬインパクトを歴史愛好家に与えます。たとえば西尾幹二の『国民の歴史』（産經新聞社、一九九九）。近代日本を語るために、古代から論じ始め、世界史的スケールで議論をたてようとしたその志を私は壮とします。学界的秩序でいえば、近代は近世以前と研究対象としては画然と分かれているし、日本史以外の各国史にはまた専門家がいて立ち入りにくい。そうした参入障壁は、西尾自らが本書の中でくり返しているように、シロウトだから越えられたのです。

もっとも本書は、これまでの歴史への異議申し立てという観点から、レヴュー・アーティクル（書評論文）的手法による問題史的記述の体裁になっています。編年史的叙述でないために、歴史の流れはしばしばストップされ、読みやすいとは言い難い。しかし著者が次々とくり出す個々の論点における解釈への賛否は別として、歴史を題材にこれだけ自由にモノが言えるという気分を醸成した作品として、記憶に止められるものとなるでしょう。

次は田原総一朗の『日本の戦争』（小学館、二〇〇〇）です。テレビ・ジャーナリズムの雄たる田原が、自らの司会するＴＶ番組「朝まで生テレビ」における手法を、歴史にそして活字媒体に応用したものです。「なぜ、日本は負ける戦争をしたのか」のテーマに、学者との問答それに彼等の著書・論文を紡ぎあわせながら、迫っていきます。

一般に学者は世間が狭いので、同学のそれも同好の仲間以外とは口をきくチャンスに乏しいものです。したがって田原氏のように、さまざまの立場にある研究者に直接インタヴューしながら落とし所を見出していくやり方は確かに面白い。ただしテレビ映像とは異なり、身ぶり手ぶりや音声の迫力に欠ける分だけ、せっかくの証言をより論争的たらしめるために、もう一工夫あってもよかったかもしれません。

とはいえ、これからは逆に歴史上の興味深いテーマについて、学者の語りを中心にしながら他の手段を組み合わせて映像化する試みを、もっと大胆に行ってもよいと思います。既に放送大学の、認知科学や社会学などの分野の番組で行われている手法(対論形式、外国の知識人インタヴュー)を積極的に取り入れることです。

三つめは、岡崎久彦の近代外交史シリーズ『陸奥宗光とその時代』『小村寿太郎とその時代』『幣原喜重郎とその時代』(いずれもPHP研究所、一九九九、一九九八、二〇〇〇)です。岡崎は人も知る外交官として、軍事・外交の情報戦略についての実務経験を基に、近代外交史を描ききろうと試みました。実務での「やるか、やられるか」の現場感覚が生み出す歴史解釈は、曖昧さを排してきわめて明快です。やや、あっさりしすぎる嫌いなしとしないのですが。

ここで著者は、事実と事実との間のバランスのとれた外交史をめざすと宣言する。

だから日清戦争の時代であれば、帝国主義の視点でものを見るのは当然であり、あえて平和主義の視点の導入に意味を認めない。いや、それは歴史の流れに沿った理解にならないと言うのです。

ともあれ、歴史の政治運動化は、このように〝シロウト〟の参入を容易にしました。しかもここにあげた三人のうち、西尾を除くあとの二人は、運動そのものにはかかわらぬ参入者にほかなりません。そしてここに至って明らかになったのは、学者の知的怠慢でした。学者の著作が読んで面白くないと評された六〇年代以来、学者はかえって専門の世界に閉じこもってしまった。そこでは近代史全体を見渡すことなく、小さな歴史事象一つ一つの「証明」に追われています。

石川淳による歴史家批判

時に空虚なイデオロギーと小さな事柄の「解釈」をドッキングさせての検証、まずはご苦労様。時に歴史観まったくなきままの、事実の「証明」を終えて業績がまた一つ。しかも「証明」と「解釈」をきちんと読むためには、ルーペが必要とされるではないか。この学者の知的怠慢は、同時に、すみわけたはずの歴史小説の世界への批判を伴います。

すなわち司馬遼太郎に代表される国民文学的歴史小説の読んでわかる面白さは、「実証」の欠如や「創作」の自由という、学者には許されぬ特権と引きかえに保障されているとの思いこみがあるのです。しかし「作家は気ままに書けていい」という学者の言葉は、実は妄言以外の何ものでもありません。

そもそも歴史学では、学者の「実証」作業そのものが、理系学問のように絶対的「証明」が可能なわけはないのですから。ここで思い出すのは石川淳による歴史家批判です。「歴史家は自分の史眼を信じ、選び取った資料を信じ、書かれた歴史の内容に真実性があると思いこんでいるであろう。都合よく、時代がそれを支持するであろう。しかし、本当と思われる断片をいくつも組み立てて行きさえすれば、出来上った全体がかならず本当だとは限らない」（『文学大概』中公文庫、一九七六）。

これは痛烈な警句です。さらに石川淳は止めをさすように、「過去の人間の社会はまさしく実在したものには相違なかろうが、歴史家がその像をことばで再現しえたと信じたとき、ありようは空虚な枠の中に手製の図式を嵌めこんでみただけかも知れない」と述べています。独自の前衛精神をもち、変幻自在に古典と現代との間を行き来した石川淳ならではの真実の言葉です。

おそらく多くの学者は、こうした懐疑の自覚を持たぬまま、学界の限られたメンバーを名宛人とし、歴史の「証明」をこととする論文をせっせと書き続けているのです。史料を自らの理論的枠組みで処理したとの自負の念をもって。だがその作業一つをとっても、実は容易なことではありません。史料とむきあう時の心境を、萩原延寿はこう語るのです。

すなわち萩原は、有名な森鷗外の「わたくしは史料を調べて見て、其中に窺はれる『自然』を尊重する念を発した」という言葉と、林達夫の「精神史家のつらさは、いつも何かあいまいなものと正面切ってじっとにらみ合っていなければならぬことである」との一節を引く。その上で自ら「その『自然』がいつ『史料』の中から姿をみせてくれるか。そのお先まっくらな待機の時間が生みだす不安と緊張、その持続にどれだけ耐えられるかが、まさに歴史家の正念場である」と断言しています（『書書周游』文藝春秋、一九七三）。

ここまでの緊張感をもって史料との対決に臨む学者が、果たして何人いるでしょうか。このように史料を通して、歴史上の人物と接する経験を、名著『日本政党史論』（全七巻、東京大学出版会、一九六五－八〇）で知られる升味準之輔は、次のように描いています。

「資料が日記や書簡の一級史料であれば、深夜彼らは書斎のドアをきしませてあらわれ私に語る。重ね合わされた史料が接触し呼応して息づき蠢きはじめ、やがて歴史のなかを遊泳する。そのような経験をもたない歴史家を、私は歴史家とよびたくない」（「日本史研究と政治学」『岩波講座　日本歴史』別巻2、岩波書店、一九七六）。

そして升味もまたそのすぐ後に、「しかし、このようにして理解され叙述された政治家が政治家自身にどれだけ似ているか。結局、歴史家の心証の問題なのである」との厳しい警句をはくのです。これは、前述の石川淳と同様の認識にほかなりません。だとすると、学者を含めたここに言う歴史家は、ほとんど絶望の淵に立たされてしまうでしょう。そもそも、史料から自然が姿を見せるのを、今か今かと待たねばならず、ようやく現れたそれが相互に呼応して歴史の中にうごめき始めたのを、つかまえた途端に、空虚な枠の中に、手製の図式をはめこんだにすぎないと気づかされることでしょう。ここまで来たら進むも退くもかかって本人の「心証」の問題です。

果たして「心証」の問題であれば、歴史的事実は時に事実ならず、また時に事実と化します。だとすれば、歴史家の「心証」は個々の歴史事象の「証明」から、全体の歴史叙述の「文体」なり「スタイル」なりにむかうはずです。そこでは、事実乃至事実まがいを、いずれも歴史全体の〝筋〟や〝流れ〟の中におとしこんでいきます。そして一つの〝筋〟や〝流れ〟の中で、事実と事実まがいとが相互に関連性を持ち、「物語」として展開することになります。

しかもその作業が、歴史家個々人の「文体」の創出を伴う限り、歴史における必然論は排されざるをえません。すなわち意図と結果との因果関係は、歴史の個々の事象の「証明」のためには必要であっても、歴史の全体の〝流れ〟の中の「物語」には必要ないからです。おそらく必然論は歴史の「物語」をひどく単調にし、つまらなくしてしまうでしょう。

かくて歴史物語から、一方で〝進歩の観念〟に基づく必然論を退けると同時に、他方で〝偉人の存在〟に基づく必然論を退けねばなりません。確かに歴史物語においては、人物の要素を避けて通れない。しかしながら歴史における人物の評伝研究の難しさは、その時代と人物とのバランスを、えてして見失いがちになる点にあります。対象とする人物にほれこむくらいでなければ、到底人物論はやれません。しかしいったんほれるとあばたもえくぼで、過大評価と必然論的認識に、ついむかいがちとなります。

大佛次郎のタイム・トリップ

そうした弊を免れるために、実は「通史」という表現スタイルがあるのです。「通史」は、「評伝」や「個別事件史」が陥りがちなバランスを失した叙述から歴史物語を救い出す役割をもっています。だが「通史」は、あらゆる同時代の要素を過不足なく扱うという意味でのバランスを要求してはいません。まことに過ぎたるは及ばざるが如しで、バランスがよくなりすぎると歴史の〝流れ〟は逆に見失われ、無味乾燥な「概論」になってしまう恐れなしとしないからです。

そうすると、「評伝」と「通史」の間に位置づけられる「史伝」もしくは「史論」のスタイルが、歴史物語の叙述にはもっともおさまりがよいことになります。そこで自作の「史伝」シリーズを「社会講談」と自ら称した大佛次郎に触れておきたい。『鞍馬天狗』の作者として以外は、今日、歴史家大佛次郎は急速に忘れられた存在となりました。ここでは未完に終わった大佛の『天皇の世紀』（朝日新聞社、一九六九－七四）の冒頭部分を、具体的にとりあげることにします。物語は当然明治天皇に即して始まります。

大佛の照準は明治天皇が誕生した嘉永五（一八五二）年の京都御所に、まずはピタリと合わされ、動ずることがありません。そして京都御所を舞台に展開される「序の巻」はまことにしぶい味わいある叙述です。それ自体ではや一つの物語となっています。「二日前に雪が降り、京都御所では清涼殿や常御所の北側の屋根に白く積もって残るのを見かけた」。これが出だしの部分です。あたかも御所へタイム・トリップをした観光客のように大佛自身が登場する。そしてツアーコンダクターよろしく、要領よくこの古くからの歴史を重ねた場所の〝時〟の止まった様を説き明かしていきます。

天皇の御座所だった清涼殿は、お湯殿や台盤所《だいばんどころ》などある西廂、昼の御座《ひのおまし》の後が、しとみ戸をおろしたままだったので、鬼が出たと言う中世の闇が、今にそのまま残っているように感じられた。暗くて寒さがしんしんと、こもっている。

この「殿上」に昇る公卿たちは、宮中のことだけを、あるいは祭礼や儀式のことだけを相談に集って明暮れしていた。こう考えて来ると、床が低く板の間だけのこの細長い「殿上」と言う場所が、私には、質素などと言うのでなく、極めて象徴的なものに見えて来るのだった。

近代の気流が僅かに入るようになったのは時世の急変に依って諸藩の志士が学習院に入るのを許された時あたりからで、それまでは幕府の京都所司代でも出入出来る場所を限られていて、取次の任にある公卿を間に立てなければ何の公用の話も出来なかったのである。殿上の間に近付くことなどは無論許されない。幾重にもある垣が、道を遮っていた。九重の奥とは比喩だけのものではない。

嵐の前の静けさとでも言うべきか、いくつかの段落からの抜き書きですが、中世以来〝時〟が静止している様子が、御所内の空間描写の中に手にとるように描き出されています。特にその歴史的空間の意味合いが、各段落の最後の一文に、そっとこめられているのです。くり返しになりますが、「暗くて寒さがしんしんと、こもっている」とあり、「私には、質素などと言うのでなく、極めて象徴的なものに見えて来るのだった」となり、「九重の奥とは、比喩だけのものではない」ときます。

いずれも平易な文体を通して、具体的イメージが明確に浮かび上がってきます。この後、大佛のカメラワークは御所にすえっぱなしのまま、明治天皇誕生の様子を淡々と叙述します。そして「序の巻」最後の段落で、さりげなくしかししっかりと激変への予兆を記すのです。「翌《あく》る嘉永六年（一八五三）がアメリカ合衆国東インド艦隊司令長官ペリーが軍艦四隻をひきいて、大統領の国書を幕府に渡して開国を迫った年である。ペリーは回答を明年に受けるよう約束させて琉球政府を威嚇して貯炭所を作る権利を得た。鎖国で天下泰平のように信じられて来た日本の社会がここで一度に睡りを破られる。その後は年々、一段ずつ急速に疾風怒濤の中に突入する。祐宮は、まだその運命を知らず側近の不安と看護の中に新しい年を迎えた」。

明治天皇の誕生と黒船来航とには、一年のズレがありました。これはもちろん偶然です。しかし大佛はそれが同じ年ではなく、また逆さでもないことの意味をその偶然性の中に認めます。そして明治天皇の運命を、疾風怒濤の嵐が吹きあれる一年前の静かな御所の中で生まれたことに見出した途端、御所の姿がフェイドアウトするかたちで「序の巻」は閉じられるのです。

続くは「外の風」。ここで大佛は一転して黒船来航以前の海外からのインパクトを述べます。もっともそれは意表をついて〝旅〟の記述から始まっています。

旅嫌いの日本人が、幕末近くなると、外に出かけるようになる。生れた家で暮すだけの理由を失っていたし、経済的にも家に置いては養い切れぬ人員が出た。何となく現状が不安である。人間の生活が活発である都市に出たり、知らぬ遠方の土地へ行ってそこの国情や人の心の動きを知ろうと求めたもののようである。遠国の人々にも自分と共通する心を見出すように成った。

〝旅〟をするようになった日本人。空間移動の中に、果たして何を見出そうとしたのか。ここで大佛は吉田松陰を引き合いに出してさらりと述べます。「長州の吉田松陰の若い日の旅もそれである。何のためのものか、何を求めて出たのか、ほとんど自分ではっきりしていなかったろう。ただ、誰かに会って強い渇きを癒やそうと漠然と求めていた。今日と違うとして二十ぐらいの青年で、どこへ行っても彼は自分が何も知らないのに気がつく。しかし、惑いながら何かを発見したい熱情に取り憑かれている。精神は純粋で高邁であった」。

松陰の〝旅〟志向は、幕末日本に普遍性を有するものにほかならなかった。そしてやがてそれは、維新後の青年にも受け継がれていきます。果ては〝何でも見てやろう〟の精神にまでつながるものかもしれない。書き手のプロとしての大佛が、どこまで想定していたかはわかりません。しかし読み手には、現代までの関連を意識させる書きぶりです。

しかし大佛がこの〝旅〟の発見と同じ文脈の中に、「もっと目標が明確で動揺しなかったのは、半世紀も前から続けられて来た一部の人たちの蘭学への関心である」との書き出しで、蘭学の動向に及んだことは驚きです。それは〝旅〟は旅でも、知の〝旅〟たることが明らかだからです。つまり大佛は幾重にも広がる〝旅〟の物語を通して、さりげなく読み手に発想の広がりを促しているのです。

「先覚」の章をへて、いよいよ「黒船渡来」となります。この章は「突然にアメリカ合衆国東洋艦隊の四隻の軍艦が、江戸に近い三浦半島の浦賀湾に入って来たのは、嘉永六年六月三日のことである」の一文で始まる。次いで「人心は落着かない。町に出れば、浦賀その他各所の陣屋から昼夜を分たず注進の馬や飛脚が来るのが、櫛の歯をひくより忙しく見られる。武器調度を持運び、市中の古着屋で、陣羽織、小袴、たっつけ（裁着）などをかけならべ、鍛冶屋も武具屋も急にいそがしい。戦争など起ることを支配層の武士たちが考えなかったことだ」との一文が目を惹きます。

「突然」の黒船来航にざわめきたつ人々の様子が、手にとるようにわかります。そして止まっていた〝時〟は、急速に進み始める。だが本当に黒船来航は「突然」のことだったのか。確かに浦賀の人々にとって、それは「突然」でした。しかし幕府にとって、それは少しも「突然」ではなかったことを、大佛はじっくりと述べていくのです。実はオランダ商館長からアメリカ渡来の警告は、二度にわたって届いていました。では幕府は、どうして対策をたてなかったのでしょうか。

「幕府はまたしても書面を受けるのは祖法の厳禁するところだとして、受けまいとした」「だが、知らずにおくのは気味が悪いのである」と、大佛は書きます。とどのつまり次のような次第なのです。「幕府では浦賀に黒船を見るまで、結局は事なかれで、知っていて知らぬ振りしてすましていたのだから、驚くべきことである。つまり解決困難で面倒なことだし、まだ急いで採上げなくともよいと考えたものだ」。

なるほど黒船来航は、一回起的な歴史の事実です。しかし大佛の歴史物語はそれを「突然」を、キーワードに二分するのです。すなわち一方で「突然」の現場を生き生きと描き出すと同時に、他方で「突然でない」幕府の右往左往ぶりをあぶり出すのです。しかも誰が意図したわけでもないのに、幕府が不適応症に陥っていく様を明らかにします。

そうすると本来一回起的なシーンの描写が、ここでもまたある普遍性をもって今の我々にも迫ってくるのです。すなわち、幕末の歴史物語が、われらと同時代の物語に思えてならなくなるのです。だがこれを早合点して、歴史のアナロジーなどと言ってしまうと、えらく安っぽくなってしまう。そもそも書き手の大佛自身が、もはやわれらの同時代人ではないのですから。しかし大佛の歴史物語を通して、改めて大佛の描く幕末と、大佛からすれば未来のある時期とが共振現象をおこすならば、それは書き手冥利に尽きると言わねばなりません。もちろん読み手の冥利にも尽きるのですが。

文芸評論家の新保祐司は、同じく大佛の作品『源実朝』を例にあげて、「大佛は、平凡に見えて非凡な人間であり、非凡に見えて平凡な人間があふれている現代では、大佛のすごさは分かりにくくなっている」と述べています（『批評の時』構想社、二〇〇一）。確かに書き手の力量は相変わらずなのに、読み手の水準が定めにくくなっている今日、いくら「社会講談」と自称したにせよ、大佛に代表される歴史物語は、〝見巧者〟による注釈なくしては、もはや読めなくなっているのかもしれません。

明治天皇と五人のゲームプレーヤー

さてここまで歴史叙述を焦点に、学者・歴史家批判を展開してきて、読者の冷たい視線に気づいてはたと手を打つのです。「批判は誰にでもできるでしょう。そういうあなた自身はどうなのですか」と。無論私は批評家の立場にはありません。いやむしろ学者として歴史家として、歴史叙述を具体的に行わねばならぬ立場にあります。

そこで自らの存在証明の意味もあり、私の『日本の近代3　明治国家の完成』（中央公論新社、二〇〇一）を俎上にあげての議論を試みましょう。一八九〇年の帝国議会開設から一九〇五年の日露戦争までを扱った本巻で、私はまず個々の歴史事象の「証明」ではなく、全体の歴史叙述の「文体」をいかに作り出すかに力点を置きました。歴史家の「心証」との観点から言うならば、〝近代帝国の気分〟に迫りたかったからです。

本来私の巻は〝通史〟のカテゴリーに入るべきものでした。しかしどの歴史事項を入れ、どれを捨てるかとあれこれ思案しているうちに、エイヤとばかり、〝テーマ史〟をも大胆に導入することにしました。いくつかのテーマを設定した方が、あれもこれもと押し寄せてくる歴史事項を整序しやすいからです。

その結果、「通史」の常識ともいうべき、明治国家完成に至る十五年全体の編年史的叙述をやめました。やめてどうしたのか。十五年間を「歴史物語」として構成するために、まずは「世紀末・新世紀」すなわち一九〇〇年前後の数年間に焦点をあてました。しかる後、もう一度、十年前に戻って、あとは一瀉千里に十五年間を駆け抜けるという構想です。

つまり百年前の日本人の認識の構造を明らかにし、その時代に特有の目線の行方をたどることにしました。そこで眼前に浮かび上がってきたのは、片や明治天皇と五人のゲームプレーヤーたちであり、こなた情報総合雑誌『太陽』と博文館でした。

実は『太陽』こそが、この時代の国民に「表現」を与え、また国民を「表現」したメディアにほかならなかったのです。なぜか。『太陽』には他の雑誌と異なり主義主張はありませんでした。むしろ百科全書的色彩が強かった。きわめて微温的な論調の中で、明治国家の内外に生起しているありとあらゆる時事的な百科情報をまとめて伝えることに『太陽』の使命はありました。まさに毎月一家に一冊、備えあれば憂いなしという常備薬の如きものでしたので、この時代の国民の目線を捉えるのに、打ってつけだったと言わねばなりません。

具体的には、「奠都三十年祭」「明治十二傑」「十九世紀」「世界一周」「海の日本」――博文館が『太陽』の臨時増刊号でしかけた数々のイベントの考察を通して、一世紀前の社会の姿が見えてきます。

同じく百年前の統治の現場に登場する明治天皇と五人のゲームプレーヤーたち――元勲・首相の伊藤博文、自由党・衆議院議長の星亨、東京経済雑誌主宰・衆議院議員の田口卯吉、法制局長官・貴族院議員の尾崎三良、公爵・貴族院議長の近衛篤麿。彼等六人の連鎖構造が、実は「国会」を媒介として成立しています。伊藤と星は政友会において、星と田口は東京市政において、田口と尾崎は帝国財政革新会において、尾崎と近衛は貴族院において、そして尾崎と近衛は伊藤と国会運営において、連鎖状につながり、その中心に明治天皇がいるという構造です。

生まれも育ちもまったく異なる彼等六人が、それではなぜ相互に連鎖状に相知る関係となったのか。そのきっかけはかかって一八九〇年の国会開設にありました。国会こそが彼等六人の出会いを決定的にしたのです。明治国家における統治の不思議さと面白さはここに明らかです。つまり、維新期に国内にあふれ出た有為の人材を、国会という統治制度をメルティングポットにして、それなくば到底出会うチャンスのなかった人々を交流させ、その出会いのダイナミクスから思いもかけぬ大胆な政治の展開を生んだのです。

彼等の連鎖構造を結果として作り上げることになったその原点を求めて、いったん国会開設にまで立ち戻り、統治のゲームの現場をながめてみると、さらに興味深い事実に出会います。それは何か。統治にアクティブな、言い換えれば統治の現場にまめに参画する明治天皇の姿です。

『明治天皇紀』を読むなかから、明治天皇が主体的に統治のゲームに参加している様が浮かび上がってくるのです。近代の政治は、少なくとも制度が出来上がってしまえば、自立的かつ自律的に動くはずではなかったのか。その常識からながめると明治天皇が統治のゲームに参加していたのは驚きです。これまでの議論では一方で天皇親政が明治憲法体制の中に封じこめられてしまったのを残念に思う立場と、他方で天皇が充分に明治憲法体制に封じこめられていないのを不満に思う立場とがあり、そのいずれもが、政治的近代化による合理的支配というまさに近代的思考様式を前提にしていました。

後者の一例をあげましょう。安田浩は『天皇の政治史』(青木書店、一九九八)の中で、明治・大正・昭和の三代の天皇と統治とのかかわりを詳細に考察しています。ここでも近代的合理的支配様式が前提にあるため、あるべき明治憲法体制からの明治天皇の統治における逸脱行為を一つ一つ検証していきます。したがって結論は「〝君臣もたれあいの構造〟というべき壮大な無責任の体系」といった決まり文句におちついてしまう。

明治天皇のパーソナルな支配様式

実は『明治国家の完成』執筆の最中に、統治にアクティブな明治天皇のもう一つの行為を、私は発見しました。それは明治天皇から、失意にあるファウンディング・ファーザーに対し、くり返しパーソナルな関係の再確認の行為がなされることです。「元勲優遇の勅語」がまさにそれです。そこにはどうやら明治天皇とパーソナルに結びついた建国の父祖たちの自に見えぬ共同体が存在しているようです。

つまり近代的支配制度としての明治憲法体制とあくまでも不即不離たることを装いつつ、そこに今一つ別個の統治の様式が浮かび上がってくるのです。それは明確な制度としての形をとりません。おそらくは古くから連綿として続く天皇の存在の中に常に認められるパーソナルな支配の様式なのではあるまいか。あえて言えば、天皇と統治に関わるさまざまな史料も、そもそも文書によるものがそう多くはない上に、それらをいったん近代的言説空間の中に秩序だって位置づけてしまうと、意外にもそれになじまない今一つの形をとらぬ支配様式などは、見落とされてしまう恐れなしとしません。

すべてを合理的かつ合目的的に解釈する近代の作法に対して、実は昔ながらの手強い非合理的な理解を求める前近代の作法が存在するのではないか。あるいは我々はそれをどこかで喪失してしまったのかもしれません。だとしたら私の『日本の近代3 明治国家の完成』は今一度、明治天皇のアクティブかつ形にならぬ支配様式の全体像を蘇らせるための一つの契機となるでしょう。

あれこれ論じてきましたが、結論はきわめて簡単です。私は、個々の歴史事象の「証明」をやはり学者の本分であるとは思います。しかし、歴史への参入者がこれだけ増えた現在、やはり歴史全体の〝流れ〟を意識した歴史物語への挑戦を試みるべきではないか。これまで述べてきた私の執筆体験からしても、普通の「通史」や個別「実証」の域に止まっていたら、あのような新たな発見はなかったでしょうから。

◉第二章

明治天皇と「建国の父祖共同体」

明治天皇は、明治憲法体制という近代立憲国家の様式の中にあって、「君臨すれども統治せず」といったタイプの立憲君主だったのだろうか。確かに明治憲法と帝国議会という二つの洋式の制度が創設されるや、形式上明治天皇の統治への関与は封じこめられたかに見えました。

しかし現実は異なっていました。第一章にも触れましたが、明治天皇は統治にしばしば介入したのですから。それは立憲君主国家運営にあたって、タテマエの上から言っても好ましからざることと批判的立場に立つのが、これまでの歴史解釈の常でした。それ故に明治天皇による明治憲法体制からの逸脱行為を、微に入り細をうがって一つひとつ検証した研究もあるくらいです。

このように天皇が明治憲法体制に封じこめられなかった事実への批判に終始する立

場がある一方で、本来あるべき天皇親政が明治憲法体制の中に封じこめられてしまったことを残念に思う立場もありました。考えてみれば、一見正反対にみえる両方の立場も、政治的近代化に基づく統治における合理的支配という、まさに近代的思考様式を前提にしていました。

だが明治天皇の統治への関与は、本当にたまさかの逸脱行為として片付けてしまってよいものなのか。統治の現場にしばしば姿を現す天皇の言動をつぶさに見てみると、そこには常に統治にアクティブな天皇像を、はっきりと捉えることができるのです。

実は明治天皇は統治の現場に現れる際、近代的統治制度である明治憲法体制とあくまでも不即不離の形をとりながら、今一つ別個の統治の様式を拵えていたのではないか。それは決して明確な近代的制度の形をとりません。あえて言えば、前近代から連綿として続く天皇の中に認められる、天皇に固有のパーソナルな関係を基礎とする統治様式として表出するのではないか。

ちなみに、天皇と統治に関わるさまざまな資料も、そもそも文書の形をとったものがそう多くはない上に、それらをひとたび近代的言説空間の中に合理的に秩序立ててしまうと、意外にもそれになじまない今一つの非合理的な支配様式などは、いとも簡単に見落としてしまうことになります。

こうしてすべてを合理的かつ合目的的に解釈する近代の作法に対して、昔ながらの非合理的な理解を前提とする前近代から近代を通底する作法を対置することによって、本章のテーマへのアプローチが可能となります。はたして「明治天皇は日露戦争をどう考えていたのか」。

このテーマへの回答は、天皇を明治憲法体制内の存在として位置づける限り、公的広がりをもたぬ私的な感慨に止まってしまいます。そこで今一つの統治様式を浮き彫りにすることから、順序だてて論じていくことにしましょう。

第一は、明治天皇の「逆臣」に対する態度です。明治天皇は、西南戦争で「逆臣」となった西郷隆盛を深く憐れみました。そこで「逆臣」西郷は名誉回復をされることになります。

「逆臣」の名誉回復は、ヨーロッパの君主制においては到底ありえません。しかし明治天皇にとっては、西郷も木戸孝允も大久保利通も、いずれもが明治維新を成しとげた「建国の父祖共同体」の第一人者にほかなりませんでした。だからこそ成り行きによる政治的敗北から、明治天皇は西郷を救い出さなければならなかったのです。

明治天皇はかくて明治憲法体制の確立以前に、「建国の父祖共同体」の存在を意識的か否か、考慮し始めていたに違いありません。そして「建国の父祖共同体」の存在は、明治憲法体制確立後、軍事衝突の形をとらず、内閣と議会を焦点とする統治のゲームの時代に至っても、明らかに意識されていました。伊藤博文、山県有朋、黒田清隆、松方正義ら薩長藩閥の指導者たちは、政戦による一時的な政治的敗北を喫すると、必ずや明治天皇によるパーソナルな関係の確認行為がなされ、彼等は窮地から救い出されたのです。「元勲優遇」の勅こそが、それにほかなりません。まことに明治天皇は適宜適切に「元勲優遇」の勅を発する政治的技量を備えていたのです。

第三の例として、テロリズムに倒れた星亭をあげましょう。都市の極貧層出身の星は、明治憲法体制なかりせば、衆議院議長として天皇に拝謁など到底できる身分ではありませんでした。実は一九〇一（明治三十四）年、スキャンダルにまみれ、「公盗の巨魁」と指弾されてテロに倒れた星に対し、明治天皇は従三位勲二等瑞宝章を授与しました。世論の糾弾に超然とした叙勲は、明治天皇が「建国の父祖共同体」の周縁部に、結果として星をも位置づけたことになります。

かくて「逆臣」の名誉回復、「公盗の巨魁」への叙勲、そして「建国の父祖共同体」

の存在の確認行為としての「元勲優遇」の勅といった、政治的敗北者への一貫したまなざしから浮かび上がる明治天皇のイメージは、それだけでも武断的ではありえません。

戦いは自分の志にはない

実際に明治天皇は、日清戦争、日露戦争のいずれにおいても、戦争への積極的関与を好みませんでした。

日清・日露いずれの開戦に際しても、いや開戦してからも、明治天皇は戦争に対して懐疑的でした。

たとえば日清開戦後、宮内大臣の土方久元が天皇に、「神宮や先帝陵に開戦の奉告のため勅使を決める必要がある」と言った時、天皇は明らかにこれを拒絶しました。そして「今回の戦争は、自分には不本意である。内閣が戦争はやむをえないと言ってきたから、ただ単にそれを許しただけである。だから、先帝や神宮への奉告はできかねる」と述べました。驚いた土方が再考を促すと、天皇は「二度と言うな。顔も見たくない」とまで言ったといいます。最終的には周囲の言うことに従ったとしても、天皇の戦争への違和感は否定できません。

同様に日露開戦に際しても天皇は消極派でした。伊藤博文に対して、「今回の戦いは自分の志にはない。けれども、事ここに至ったらどうしようもない。もし、ロシアと戦争をして負けるようなことになったら、自分はどうやって先祖に対して、また臣民に対して謝ったらいいだろうか」と訴えて、憂慮の意を表明しました。どう見ても明治天皇は武断派ではありません。むろん非戦派ではありませんが、常に懐疑派であったのです。

ではなぜ明治天皇は懐疑派であったのか。これは、「建国の父祖共同体」からさらに父孝明天皇そして光格天皇にまで遡る皇統意識のなせる業です。先祖を思う皇統意識は、第一に変化を好まぬという意味で、第二にそれによる結果の不安定を嫌うという意味で、保守的態度に終始すること必至です。また平安朝以来の貴族筆頭の地位にある近衛篤麿への遇し方にも現れているように、明治天皇は、歴史的なもの、長く持続しているものに対して、ことさら親近感をもっています。その文脈から言えば、戦争という破壊行為に慎重であったとして、何ら不思議はありませんでした。

その意味では、「建国の父祖共同体」の長たる天皇の避戦主義的態度は、明治憲法体制における大元帥たる天皇の軍機に熱心な態度と、何ら矛盾することはありませんでした。

日露戦争の間、大元帥としての天皇は連日、天皇としての職務を粛々とこなしていた。戦時の軍機に参与し、平時の課題に勤しむ姿がそこにはありました。ただ天皇の胸中によぎったのは、旅順の戦いの成否にほかなりません。旅順での勝利を、天皇は歌に託して喜んでいます。

あたらしき年のたよりに仇の城
　ひらきにけりときくぞ嬉しき

日本海海戦の勝利に際して、天皇は勅語の中で、「朕は汝等の忠烈により祖宗の神聖に対《むか》ふるを得るを懌《よろこ》ぶ」と、はっきりと喜びを現《あきらか》にしました。ことに皇統への責任と大元帥としての責任が、みごとに合致します。その意味で明治天皇はまことに幸運でした。

よもの海みなはらからと思ふ世に
　など波風のたちさわぐらむ

日露開戦の年の有名な明治天皇の御製です。同じ歌をそれから三十五年余の後、孫の昭和天皇が日米開戦末だしの際どい御前会議の中で、詠み上げました。しかもはや「建国の父祖共同体」は霧の彼方に消失し、明治憲法体制は機能不全を現にしていた以上、皇統を継いで再度詠まれた明治天皇の御製は、宮中にただむなしくこだまするばかりでした。

今様カリスマと経営カリスマ

ここで視点を少し変えてみましょう。

明治天皇はカリスマ的指導者であったか。これは即座には答えられぬ難問です。何故か。維新以来の近代日本の統治における明治天皇の位置づけを、まずははっきりさせねばなりません。それにそもそもカリスマとは何か。定義を明確にしておかないと、とんでもない誤解を生じてしまうからです。

今カリスマと問うと、多くの若者は「カリスマ美容師」とか「フードファイターのカリスマ」とか、「格闘技のカリスマ・チャンピオン」とか、一見身近に感じられるスーパースターをすぐ思い浮かべるに違いありません。いずれもマスメディアが作り上げた〝賞味期間限定付〟の、テレビという映像を通してのカリスマです。虚業か実業かを問わず、ある特定の分野での卓越した能力をもつヒーロー像がそこにはありません。

だが明治天皇をこのレベルのカリスマと捉えることは到底できません。長期にわたって国家統治の全体を担う存在だったのですから。ただし「御真影」にせよ、「巡幸」や「行幸啓」にせよ、明治天皇もまたある面では可視化された存在であろうとしました。その意味できわめてプリミティブな形ではあるものの、メディアをとおしたイメージ戦略という一点で、〝今様カリスマ〟と似たところがないわけではありません。しかも〝戦略〟と述べたことから明らかなように、いずれにせよカリスマは演出される側面をもち、演出者が存在します。

さて歴史の時間軸を遡っていくと、戦後日本には「カリスマ型経営者」と称される一群の人々がいたことに気がつきます。もちろん今日でもＩＴなどベンチャー企業の担い手として、カリスマと言われる人々はいます。しかし浮沈激しい現実をながめるにつけ、どうやらそれは先述した〝今様カリスマ〟の枠内にすっぽり収まってしまうのです。

松下幸之助、本田宗一郎、井深大、中内㓛など戦後日本の高度成長期を担った〝創業型経営者〟は、カリスマの異なるカテゴリーを形成しています。すなわち消費社会に適応する企業経営にあたり、発想力と決断力に秀れた指導者として、彼等は大衆の前に立ち現れました。単に企業利益をあげるだけではなく、経営理念を語り、一企業を超えた存在感を示すことにおいて、彼等は卓越したリーダーシップを発揮しました。そして日に移ろいやすい〝今様カリスマ〟とは異なり、彼等〝経営カリスマ〟は、かなり長期にわたってわが経済社会に君臨することになりました。

この〝経営カリスマ〟の場合は、明治天皇を語る際にもあてはまる指標をもっている。すなわち創業者タイプで、長期間指導力を保持し社会的影響力が大きいということです。逆に戦後日本は、この意味での〝カリスマ型政治家〟や〝カリスマ型官僚〟を遂に持ちえませんでした。はたしてそれは、デモクラシー国家にはカリスマ型指導者は似合わぬという成熟社会的理解の上に立ってのことか否か。占領下で象徴と化した昭和天皇のパフォーマンスと相俟って、なお考慮に値する問題です。

魅了カリスマと非日常能力覚醒カリスマ

ここで歴史軸と空間軸とを一挙に超えて、古代ギリシアにまで遡りましょう。Charisma とは「神から与えられる『恩賜』」を意味するギリシア語を語源とします。それは原始キリスト教の時代には、「聖霊の働き」との理解を生み、さらにパウロによって、聖霊のカリスマは「知恵の言葉、知識の言葉、信仰、病の治療力、奇跡を行う力、預言をする力、霊を見分ける力、異言を語る力、異言を解釈する力」のように説明されたと言います。

どうやら常人とは異なるさまざまの能力の持ち主がカリスマと呼ばれたようです。やがてそれはキリスト教会を離れ「大衆を魅了する非凡な能力」と、より広汎な形で一人歩きを始めます。これを〝魅了カリスマ〟とよぶとすると、この例は意外に多い。こうしたさまざまなカリスマの用語法に、明確に一つの意味体系を賦与したのは、他ならぬマックス・ウェーバーでした。

ウェーバーはカリスマを宗教社会学の見地から、「特定の事物ないし人物にのみ宿る非日常的な諸能力」と規定し、それは生来のものであって新たに獲得することはできないと断定しました。もっとも非日常的な試練によるその能力の覚醒は可能でした。ここにカリスマの定義は、きわめてダイナミックなものとなります。すなわち非凡な能力をもって生まれた者こそが、伝統的支配や合法的支配によらぬ、カリスマ的支配を確立するのです。これを〝非日常能力覚醒カリスマ〟と名づけましょう。

では明治天皇は、ウェーバー的意味合いにおけるカリスマ的指導者に妥当するでしょうか。先述した〝今様カリスマ〟それに〝魅了カリスマ〟も視野に収めつつ、明治天皇に即してこの点を検討していきましょう。検討のためのテクストとしては、再び拙著『日本の近代3　明治国家の完成』及びドナルド・キーン著『明治天皇』上・下（新潮社、二〇〇一）を用いることにします。

血統意識とカリスマ

まずは血統の検討からです。実はカリスマ的指導者たるに、血統は必須の条件ではありません。一例を示しましょう。明治天皇の父である孝明天皇は、幕末、開国に断固反対して譲位の意を示しました。一八五八年の日米通商条約締結に際してのことです。その折孝明天皇は、自らの血統＝皇統意識を明確化しました。そして歴代天皇ひいては神明に対して開国は申し訳ないとの論法をとります（藤田覚『幕末の天皇』講談社、一九九四）。万世一系の皇統意識は、中国の王朝にはないものです。なぜなら中国では身分に関係なく、卓越した才能があれば皇帝になれるのですから。ありていに言えば、中国ではカリスマ的指導者の登場を容認しているが、日本の天皇は必ずしもそうではないことを、孝明天皇自らが認識していたことを示しています。

だから幕府の条約無断締結の前になす術のない天皇は、自らを皇位にふさわしくない者として譲位の意思表示を行ったのです。かくて皇統意識とカリスマとは微妙な関係に立つことになります。しかし逆に、こうした血統意識はカリスマ的指導者の出現を、一切排除するものでもありません。そこで目を徳川将軍に転じてみましょう。

通商条約の勅許問題と軌を一にする形で生じた十四代将軍をめぐる後継問題を焦点とする幕府内外の議論がまさにそれです。血統重視なら紀州慶福《よしとみ》、英明重視なら一橋慶喜と、危機の政治過程を前に、議論は二分されました。そして周知のように、連綿たる血統意識が危機におけるカリスマ待望論を打破しました。ここに幕府は決定的にリーダーシップを喪失する結果を招くことになります。数年後、幕府崩壊の瀬戸際で将軍に呼び返された一橋慶喜に、もはや残された手段はほとんどなかったと言えましょう。

ここで重要なのは、幕府も遂にその最終段階ではカリスマ的指導者の登場を容認したという事実です。幕府でさえそうならば、まして急速に政治化をとげる朝廷においてはなおさらのことです。だが頑迷固陋で鎖国攘夷に固執する孝明天皇に、到底それを期待することはできませんでした。したがってそのことが、未だ幼少ではあれ新帝待望論につながっていったとしても不思議ではありませんでした。

もっともあらかじめ新帝にカリスマが期待されていたわけではありません。「玉」の確保という意識に象徴されるように、老帝より幼帝の方が倒幕派にとってはるかに御しやすいという冷徹な戦略と計算があったことは確かでしょう。一八六七年の孝明天皇の不審な急死による幼帝擁立は、一面で確かに連綿たる皇統意識の確認行為でした。したがって、幼少時必ずしも健康ではなく、その後も酒色に時をすごすことがあった明治天皇は、歴代天皇と同様の資質をもつ天皇としてその生涯を終えた可能性を否定できません。

しかし、維新と近代化という、まさに〝革命〟的ともいうべき事態の進行そのものが、そうした可能性を封じこめていきます。より直截に言えば、否応なく明治天皇の〝カリスマ〟への覚醒を促したのです。一八六八年、歴史的とも言うべき五箇条御誓文の発布に、明治天皇は立ち会っています。これは無論維新政府による天皇への公的な教育の事始めでもありました。はしなくもドナルド・キーンは、このことを次のように的確に描いています。「明治天皇の治世が始まって以来最も感銘深いこの儀式が、また、そこで読み上げられた御誓文の内容が、天皇の心を動かさなかったとは想像し難い。まだ若く、経験に乏しかったからこそ、五箇条に体現された理念は天皇の心に深い感動となって作用したのではないか」。

明治天皇に対しては、いわゆる君徳培養的な帝王教育のみならず、公的な場や会議への出席による現場教育が効果をあげました。一八六九年以来、数えきれないほどの会議へ出席した明治天皇は、当初はひたすら情報の受信に努めていました。実はその時期のいわば維新政府の「玉」と見なされていた明治天皇について、かつて幕閣にあって一橋派に与した川路聖謨《としあきら》は、カリスマとしての威力を見出しています。維新政府の軍勢の根源にそれがあると看破したのです（佐藤誠三郎『「死の跳躍」を越えて』都市出版、一九九二）。幕末の危機状況下で、将軍にカリスマ的指導者を求めて挫折した川路は、維新政府の下での天皇にそれを発見することによって、まことにパラドキシカルではありますが、この国の未来を信ずることができたと言えましょう。

カリスマ化する明治天皇

こうして明治政府の下で明治天皇は、一方でウェーバー的意味でのカリスマとしての覚醒が進み、他方で〝今様カリスマ〟と同様の演出を受けいれていきます。一八七二年から開始される天皇の全国視察（前期の「巡幸」、後期の「行幸啓」）は、天皇と国民との間に「可視化された空間」を創出し、相互に〝帝国〟の確認を行う行事でした。いよいよ天皇は近代化のシンボルとして見られ、また各地からの現場情報をくみ上げ受信能力を高めていきます（原武史『可視化された帝国』みすず書房、二〇〇一）。

そして全国視察の制度化が未だ進まぬ一八九〇年までの前期「巡幸」の間、明治天皇は原始キリスト教から離れて、一般化した意味での「大衆を魅了する非凡な能力」の持ち主たるカリスマに一番近い存在となります。原武史によれば、この時期の天皇像は「おそれ多い支配者」とも「仁慈あふれる人間」とも、およそ多様に描かれたと言います。そこでは「民俗的生き神」信仰の対象となることまで含めて、「可視化された空間」の演出は、文字通り天皇と国民との折々のアドホックな関係に委ねられていた。

実はこの間の明治天皇の受信能力の深化が、やがて発信能力の覚醒をもたらします。とりわけ一八七七年前後に維新の三傑と言われた木戸孝允、西郷隆盛、大久保利通が相次いで亡くなったことは、明治天皇の統治者としての自覚を新たにさせました。そのことは一八八一年、明治十四年の政変を契機に、明治天皇が自らの判断や評価を述べるようになったことにも窺えます。だがこうした明治天皇のウェーバー的意味でのカリスマの覚醒は、いよいよ立憲国家としての体裁を整えるに至った明治国家の現実的態様において、対立を生ぜしめました。

端的に言えば、天皇親政と立憲君主政との対立です。この間の詳細は坂本一登『伊藤博文と明治国家形成』（吉川弘文館、一九九一）に譲ります。つまるところ、天皇親政論の元田永孚《ながざね》らと立憲君主論の伊藤博文らとの、対立と妥協の具体的政治過程の中で、一八八五年の内閣制度、一八八九年の帝国憲法、一八九〇年の帝国議会と、制度化が進められていきます。こうして成立したいわゆる明治憲法体制の中に、明治天皇はどう位置づけられるのか。これはまずもって明治天皇自身にとって大問題でした。

実は一八九〇年から始まる新たな統治のゲームに、明治天皇はきわめて積極的に関与し、過去二十数年にわたって受信し続けた記憶情報を基に、自らの発信能力をいよいよ高めていきます。すなわち、明治天皇は逸速く、伊藤博文、黒田清隆、松方正義、山県有朋ら維新のファウンディングファーザーたちを、「元勲」として自らを中心とする共同体に誘います。そして明治憲法体制を最もよく熟知し、その最大の守護者となることによって、己の権力と権威とを確立するのです。それはウェーバー的意味におけるカリスマ的指導者としての道を迷いなく歩むことにほかなりません。

その一例をあげましょう。一八九〇年代末、藩閥と政党との関係が複層的対立関係と化した第二次松方内閣において、松方や黒田が立憲政治の難しさを口々に訴えました。そこで元来が天皇親政論者であった佐々木高行は、「自分は立憲政治を好まない。なぜなら欧米とは異なった憲法なのだから、議会政治にすべきではないのだ。そもそも伊藤も松方も政党との提携を自ら進んで行いながら、常に立憲政治の困難を唱えるのはどうしたことか。議会政治が混乱に陥ったら、その時こそ立憲政治を廃止する好機である」と、つい口をすべらします。

するとこの機を捉えて離さず、ただちに天皇は、「松方は単に愚痴をこぼしただけなのだ。別に松方も立憲政治の廃止など考えてもいない。自分の真意を見誤ってはならない」と、佐々木を強くいましめています。明治天皇は統治のゲームの困難さを重々承知の上で、それでも明治憲法体制を守る決意なのです。

建国の父祖共同体と感泣の臣下共同体

ともあれ拙著『明治国家の完成』で明らかにしたように、藩閥と民党との対立、大津事件、条約改正、日清戦争、日露戦争、ありとあらゆる場面に明治天皇は立ち会います。統治者としての天皇は、明治憲法体制下でとても多忙の身となります。

たとえば一八九一年の大津事件。ロシア皇太子襲撃に右往左往する伊藤、松方らを尻目に、天皇はロシア軍艦に出むき皇太子の見舞いをすませます。天皇のロシアによる拉致を恐れる彼等に対して、「ロシアはそのような愚行をするはずがない」とまったくとりあわない。みごとなまでの危機管理能力の発揮です。

内閣の交代にあたっては、明治天皇は自らのヘゲモニーを常に確保します。そして覚醒されたカリスマ的指導者としての明治天皇は、伊藤・黒田・山県・松方らに「元勲優遇の勅語」という形で、パーソナルな関係の確認行為をくり返し求めています。

彼等にやがて桂太郎が加わることを考えると、首相経験者に限定されていることもわかります。また多くの場合、彼等の政治的失敗や挫折の折に、ファウンディングファーザーとしての再確認を行い、その建国の父祖共同体としての絆を深めるのです。

詔勅が出ぬまま、事実上元老となった者もいます。井上馨、西郷従道、大山巌、西園寺公望がそうです。そうした彼等を含みながら、統治のゲームがルール化できぬ部分で、常に天皇を中心とした元勲・元老が構成する建国の父祖共同体が機能したのです。それは明治憲法体制に規定されぬ制度外の人的共同体にほかなりませんでした。

明治天皇のカリスマ性は、制度が規定しえなかった部分において充分に機能しえた。天皇の受信・発信双方の能力の高さは、彼等臣下との接触の場でいかんなく発揮されたからです。しかも明治天皇はその前提となる記憶力に秀れていました。ドナルド・キーンはそのことを次のように述べています。

明治天皇が抜群の記憶力の持主であったという事実は動かない。天皇は明らかに、いわゆる知識人ではなかった。天皇を知る者たちの思い出話からは、むしろ次の論語の一節が思い起こされる。「剛毅朴訥仁に近し」。意志が強く、容易に屈することなく、無欲で、飾りけのないこと、これ即ち、孔子の理想である仁に近い、というのである。

ここでは、孔子の仁とウェーバーのカリスマとの異同を厳密に論じる余裕も能力もありません。しかし仁たる者にはやはり非日常的な諸能力が備わっており、それは非日常的試練によって覚醒すると素直に解することは可能です。ではこうしたカリスマ的天皇に接する臣下は、いかにふるまったのでしょうか。

驚くなかれ、泣くのです。とにかく泣く。西南戦争を一つの契機として、天皇に直接対面する際、臣下は、ことあれば「感窮まって泣く」ようになりました。この点もまたドナルド・キーンの印象深い文章から引いておきましょう。

この時期以降、明治天皇と臣下との触れ合いを述べた記録の件りで、繰り返し「感泣」の文字に出会う。百年前の人々は今日の人間より涙もろかった。泣くことは士族にとってさえ女々しいことではなかった。十年前まで御所の壁の中の神秘的な存在だった天皇は、すでに慈愛に満ちた畏敬される存在へと変貌していた。

その臣下に対する愛情あふれる仕草の一つ一つが、臣下の涙を誘った。

ここでの臣下の泣きを呼ぶ天皇は、原始キリスト教から解放された「人を魅了する非凡な能力」という意味でのカリスマにみごとに一致します。かくて天皇と感泣する臣下との共同体が成立すると、それは先述の明治前期の「巡幸」と同様の〝魅了カリスマ〟をまさに体することになります。建国の父祖共同体と感泣の臣下共同体。どうやら明治天皇は治世を十年、二十年、三十年と延ばしていく間に、〝非日常能力覚醒カリスマ〟〝魅了カリスマ〟〝経営カリスマ〟それに〝今様カリスマ〟のいずれをも帯びる存在と化したのです。

明治天皇のカリスマ支配

こうした明治天皇のカリスマ支配は現世の人々だけではなく、没後の人々の処遇にも及んでいました。実は明治天皇は「逆臣」西郷隆盛と「公盗の巨魁」星亭の死後の取り扱いにおいて、ヨーロッパの君主やアジアの皇帝には普通みられない稀有の態度を示します。まずは西郷。西南戦争の勃発に際して、終始明治天皇は西郷を憐れみ、死んだ直後にも同情の意を表したといいます。そしてドナルド・キーンによれば、西郷の死の翌日、天皇は皇后に「西郷隆盛」という勅題を与え、皇后は「薩摩潟しづみし波の浅からぬ　はじめの違ひ末のあはれさ」と詠んだといいます。逆臣西郷ももとを正せば天皇による建国の父祖共同体の第一人者だったではないか。そうであれば西郷の政治的敗北と肉体的死に対して、あくまでも天皇が建国の父祖共同体の一員として遇する態度を変えなかったとしても不思議ではありません。こうして成功も失敗もすべてを包みこむ形で明治天皇の建国の父祖共同体は、生者のみならず死者の名誉も大切にしていきます。

次に星亨を例にとりましょう。明治の世になって統治のゲームに参加した人々のうち、おそらくは星ほどの極貧層出身者はほかになかったでしょう。逆に言えば衆議院というものがなかったら、明治天皇と星の出会いも到底ありえませんでした。しかも明治天皇は星をかなり評価していたようです。だからこそ、疑獄事件の最中に「公盗の巨魁」と指弾されて暗殺された星に対して、明治天皇は従三位勲二等瑞宝章を贈って報いたのです。当時すでに喧喧囂囂とまきおこっていたマスメディアによる非難と批判など歯牙にもかけず、天皇は自らの基準で星の生涯を評価したに違いありません。

道半ばにして倒れた星もまた、維新のおかげを蒙っているわけだから、たとえマージナルであったにせよ、明治天皇による建国の父祖共同体のいずれかに位置づけられる存在となったのでしょう。

明治天皇の治世の長さに比例して、建国の父祖共同体と臣下の感泣共同体は、それでもやがて制度化し形式化していきます。後者を例にとってみましょう。原武史によれば、明治天皇と国民との「可視化された空間」は、一八九〇年を境とする前期の「巡幸」から後期の「行幸啓」への転機の中で、変化をとげることになります。すなわち「御真影」への敬礼が一般化する中で、天皇と国民が直接に出会う「可視化された空間」は、一八九〇年代を通じてしだいに閉じていき、一九一〇年には完全に封印をされていいます。その理由は、一つには統治のゲームに臨む天皇がすっかり多忙になったこと、二つには天皇自身が「可視化された空間」に身をおくのに疲労を覚えたことがあげられます。

かくて明治天皇は生身の姿を国民にさらすことはなくなり、その意味では、明治後期には「不可視化された空間」に常に存在することになりました。そこで天皇不在のまま「可視化された空間」では、偉大なる天皇像の演出が、明治天皇自身とは無関係に行われる。ここに〝魅了カリスマ〟はしだいに失われていくものの、〝今様カリスマ〟については、さらなる演出効果をねらう演出者の存在によって、その度合いが強められていきました。

明治天皇は、古来さまざまの定義をもつカリスマの要素をあたかも万華鏡のように一身に体現していました。とりわけ〝非日常能力覚醒カリスマ〟として、ウェーバー流の定義でその政治的生涯を理解することができます。ともあれ、近代国家において、これだけ長期にわたり、かつ重層的にカリスマ支配を見ることは、これ以後は絶無といってよいでしょう。

明治天皇から昭和天皇へ

明治天皇の前近代的作法

天皇と統治の問題について考えてみます。明治・大正・昭和と二十世紀の統治に関わった三代の天皇を考慮しながら、ここではとりわけ明治天皇から大正天皇への代がわり、さらには大正天皇から昭和天皇への代がわりに注目しましょう。

明治憲法制定と帝国議会開設という二つの出来事は、日本に近代立憲国家の様式をもたらしました。いわゆる洋式の制度創設と組織運営が前提とされる〝統治〟の開始です。近代の政治は、少なくとも制度が出来上がってしまえば、自立的かつ自律的に動くはずでした。

しかし現実にはどうであったか。繰り返しになりますが明治天皇は、イレギュラーと言われながら統治にしばしば介入した。それは立憲君主国家の洋式運営のタテマエ上好ましくないと解するのが、これまでの歴史解釈の常でした。明治憲法体制からの明治天皇の統治における逸脱行為を、微に入り細をうがつ形で一つまた一つと検証していく研究もあるくらいなのですから。

このように天皇が充分に明治憲法体制に封じこめられなかったのを不満に思う立場がある一方、本来あるべき天皇親政が明治憲法体制の中に封じこめられてしまったのを残念に思う立場もありました。しかしそのいずれの立場も、政治的近代化による統治の合理的支配という、まさに近代的思考様式を前提にしていました。

そこでは明治憲法体制にあっても、元来「天皇は君臨すれども統治せず」といった姿こそが原則なのであって、天皇大権は、それを支える多くの国家機構によって相互分立的に担われると解釈されます。大正期にこれを理論的に明確化したのが美濃部達吉の「天皇機関説」でした。後にも述べる通り、大正天皇の健康問題やパーソナリティ・ビヘイビア故に、明治憲法体制のオーソドキシーとして「天皇機関説」の顕在化は、どうしても不可避の事態となったのです。

だが国家機構が相互に分立した結果として、それらを横断的に統合する主体が、またしても必要でした。具体的にそれは何か。明治期は元老が、そして大正・昭和初期は政党が相次いで統合主体の役割を果たしたものの、十五年戦争期には遂に日本は統合主体を喪失してしまいます。そして統合主体創出をめぐる試行錯誤をくり返すうちに、戦争指導に失敗し、明治憲法体制は終焉を迎えます。以上が、これまでの日本政治史の最も合理的な解釈であり、通説的見解として受け入れられてきました。これによれば、元老という人格的主体から政党という組織的主体への移行は、統治の〝進歩〟として捉えられることになる。しかも、それに続くマルクス主義的前衛思想と前近代日本以来固有の反幕府思想との対立による、新たな統合主体創出の失敗もまた、統治をめぐる〝進歩〟史観の文脈で理解されて当然でしょう。

いったんこの通説的見解が確立すると、天皇の逸脱行為はたまさかのイレギュラーな行為と化して、近代政治史全体の流れの中では稀釈されてしまいます。だが果たしてそう言い切れるのか。今一度統治の現場をじっくりながめてみると、興味深い事実に出会うことになります。まずは統治にアクティブな、その意味で統治の現場に常に登場する明治天皇の姿です。一八九〇年の議会開設前後から一九〇五年の日露戦争前後までの十五年間については、拙著『明治国家の完成』において、明治天皇が主体的に統治のゲームに参加していく様を明らかにしました。

重要なポイントですので、くり返しになりますが指摘しておきましょう。実は明治天皇は統治のゲームに積極的に参加する際に、近代的統治制度たる明治憲法体制とあくまでも不即不離でありながら、今一つ別個の統治の様式を拵えていたのではないか。それは明確な制度としての形をとらない。その一端は、おそらくは前近代から連綿として続く天皇の存在の中に常に認められるパーソナルな関係を軸とした統治様式に窺えるのではないか。あえて誤解を恐れずに言えば、天皇と統治に関わるさまざまな資料も、そもそも文書によるものがそう多くはない上に、それらをひとたび近代的言説空間の中に明確に秩序立てて位置づけてしまうと、意外にもそれになじまない今一つの形をとらぬ支配様式などは見落とされてしまう可能性なしとしません。

すべてを合理的かつ合目的的に解釈する近代の作法に対して、実は昔ながらの手強い非合理的な理解を前提とする前近代的な作法が存在するのです。今度はそれを四点に絞って、見ていきましょう。

建国の父祖共同体による統治

第一は、明治天皇の「逆臣」に対する態度です。若いが故に幕末・維新期の明治天皇の政治への関与は不可能でした。「玉」と称された所以です。だが明治天皇は、この時期自ら発信こそできなかったものの、じっと周辺に目をこらし耳をすまして受信することは可能でした。黙って実務の現場に座っていた天皇の受信能力はきわめて高かったと言ってよいでしょう。「玉」は何事をもどん欲に吸収する「玉」たりえたのです。

明治天皇は、征韓論政変で下野し西南戦争をおこして今や「逆臣」となった西郷隆盛を深く憐れみました。木戸孝允もまた同様です。したがって「逆臣」西郷はいずれ名誉回復をされることになります。当時の明治天皇にとっては、西郷も木戸も大久保も明治維新を成しとげた「建国の父祖共同体」の第一人者にほかならなかったのです。確かにドナルド・キーンが『明治天皇』上巻で指摘しているように、ヨーロッパの君主ならば忘恩行為に怒号を浴びせ、「男が反乱を決意するに到った心の痛みのことなど、君主の眼中にないことは言うまでもない」ことです。

明治天皇はかくて近代国家の制度的確立以前に、「建国の父祖共同体」の存在を意識的か否か、考慮し始めていたに違いありません。たとえ「逆臣」であろうとも、という点にとりあえず注目しておきましょう。

第二は明治天皇に受信能力に加え発信能力が担保され始めた時、いよいよ「建国の父祖共同体」の実質化が進められていきます。折もよくそれは、明治憲法体制の創設と軌を一にしていました。一見合理的な明治憲法体制において、唯一欠けていたのが、高位高官を退いた短期的な政治的敗者の処遇にほかなりませんでした。天皇の歴史を繙いてみれば、前近代においてはいったん政治的敗北を喫すればそれは即全人的失脚に連なり、時にそれは物理的死をも意味し、復活の例はほとんどありえません。

だが近代的制度においては、短期的な政治的敗者の処遇を担保しない限り、統治のゲームが効果的に運営されぬ恐れが充分にありました。無論、明治憲法はそのためもあって、枢密院など制度的官制も用意してはいました。しかしこの点にこそ、明治天皇による今一つの支配様式が必要とされたことは疑いえません。そこで明治天皇は

「元勲優遇」の勅を適宜適切に発する工夫をこらすことになったのです。その適用第一号は、一八九九年条約改正に失敗し、首相を辞した黒田清隆と枢密院議長を辞した伊藤博文でした。この点は少し説明を要するでしょう。

明治憲法公布後わずか半年にして、統治の危機を解決できなかった薩長の最高権力者二人に「元勲優遇」の勅が与えられたことの意味は深いものがあります。すなわち彼等に対しては、いかなる政治的失敗があろうとも、維新の功臣として別格待遇とすることを、明治天皇がパーソナルな関係の確認行為において証明したことにほかならない。それは一面で彼等の政治的責任を曖昧化すると同時に、他面で特別待遇に処することによって、明治憲法体制を維持させるための人的安定性を確保することを明確化しました。

すなわちこれは、あくまでも明治憲法体制の外側にありながら短期的な政治的失敗の有無にかかわらず、当人に「建国の父祖共同体」の一員としての自覚をもたらす結果を生じます。そして明治天皇と元勲とはあくまでもパーソナルな関係に立ちつつ、明治憲法体制に関与していくことになります。したがって一八九〇年代の明治憲法体制による統治のゲームの全面展開が、「建国の父祖共同体」の活性化を促進していきます。

三人目の「元勲優遇」の勅は山県有朋に与えられます。自由党土佐派の買収という金権発動により辛うじて第一議会を切り抜けたものの、以後の展望が開けず、首相を辞したばかりの時でした。だが続く、解散と選挙干渉という強権発動で失敗し辞職した松方正義への勅は見送られます。未だ薩派の中での格付けが問題とされたからかもしれません。実は日清戦争の最中、第一軍司令官退任直後の山県有朋に「元勲優遇」の勅が発せられています。山県にとっては二度目です。さらに伊藤は都合四度、山県もやがて四度、松方は後に一度と与えられています。

ここに「元勲元老」の理解の難しさがよく現れています。そもそも「元勲」は洋式解釈でいうところの制度ではありません。天皇とのパーソナルな関係で「建国の父祖共同体」というバーチャルな存在にリアリティあらしめる行為なのです。

どうやら「元勲優遇」の勅は、明治天皇の側からパーソナルな信頼関係を確認する必要があるたびに出されています。逆にいうと、同一人物に繰り返し出ているということは、その人間が再度明治憲法体制内の要職に返り咲いた折に、いったん天皇と元勲との関係は消去はされぬものの停止されるのではないか。そこでまたもや明治憲法体制内の要職を退いた時、天皇はパーソナルな関係の確認行為を繰り返し、「建国の父祖共同体」に招き入れる必要があるのでしょう。

しかし現実には「建国の父祖共同体」のメンバーはこの四人に限りません。井上馨、西郷従道、大山巌の三人は、明治天皇の勅は発せられなかったにもかかわらず、事実上元老となりました。いわゆる「元老会議」への出席者となったことで、そう認定されています。とはいえこの点は疑問なしとはしません。なぜなら「元勲優遇」の勅は、あくまでも天皇とのパーソナルな関係の確認行為なのですから。もっとも「元老会議」そのものも、制度のように扱われますが、実は明治憲法体制における正式な制度ではなく、事実上統治のゲームの中でできあがったものですから、相互関係の把握はさらに難しい。

整理すると、次のように言えるのではないでしょうか。「建国の父祖共同体」は、本来維新の功臣にして短期的な政治的敗者の、復権への処遇として顕在化していく。しかし、これは顕在化するにつれて天皇とのパーソナルな関係という自由度をしだいに失う。そこにはメンバーシップの問題が生ずるからです。そして大隈重信を含めたメンバーシップの確定が困難に陥るや、遂に排除の論理が働き始めて「元老会議」出席者に、事実上元老元勲が限定される結果になったのではないでしょうか。つまり一八九〇年代の統治のゲームの展開の中で、明治憲法体制と「建国の父祖共同体」とに競合関係が生じたので、それを制度的に解決する必要があった。そこで二十世紀の初めには、バーチャルリアリティであるが故に統治にもっていたいわく言い難い力を、「建国の父祖共同体」は喪失してしまった。そして「元老会議」という、あたかも明治憲法体制を憲法外機関として支える目にみえる制度と化すに至ったのである、と。

建国の父祖共同体の変容

二十世紀に入ると明治憲法体制を中心とする統治のゲームのみが明治国家に支配的な運営形態となり、「建国の父祖共同体」は後景に退きつつありました。しかし、そこで明治天皇に固有の作法として、テロリズムによる横死者に対する天皇の態度を見ておきましょう。これが第三の点です。ここで再び星亭を論じます。都市の極貧層出身の星亭は、明治憲法体制とりわけ衆議院がなければ、衆議院議長として天皇に到底拝謁などできる身分ではありませんでした。しかし一八九三年の政府と民党との対決という統治のゲームの中で、一瞬天皇とまみえることが許された。果たして天皇は何と思い、星は何と思ったでしょうか。

実は一九〇一年、スキャンダルにまみれ、「公盗の巨魁」と指弾されてテロに倒れた星に対し、明治天皇は従三位勲二等瑞宝章を授与しました。マスコミ世論に超然としたこの措置は、明治天皇が消失しつつある「建国の父祖共同体」の周縁部に星をも位置づけた点で興味深い。

さて第四に、天皇の避戦主義的傾向をあげておきましょう。「逆臣」への憐み、「建国の父祖共同体」の存在などから浮かび上がる天皇のイメージは、それだけでも洋式皇帝とは異なり好戦的ではありえません。実際に明治天皇は、日清戦争、日露戦争のいずれにおいても、戦争への積極的な関与を好みませんでした。事実、宣戦布告の祖先への報告を嫌い、戦争と密接不可分と見られる新年歌会始の御題を退けたのです。

これは、「建国の父祖共同体」からさらに父孝明天皇そして光格天皇にまで遡る皇統意識のなせる業でもあります。先祖を思う皇統意識は、第一に変化を好まないという意味で、第二にそれによる結果の不安定を嫌うという意味で、保守的態度に終始することと必至です。その意味で、「建国の父祖共同体」の長たる天皇の避戦主義的態度は、明治憲法体制の大元帥たる天皇の軍機に熱心な態度と、何ら矛盾することはありませんでした。

日露戦争後、天皇は天皇、元老は元老らしく、そして統治のゲームは桂太郎と西園寺公望が相互に首相になる「桂園体制」の確立をもって一応の安定を迎えます。しかし明治末年のこの安定はあくまでも一時的なものにすぎませんでした。すでにゆらぎ始めていた「建国の父祖共同体」は、二つの方向から激震にさらされる。第一は大逆事件であり、第二は明治天皇の死と代がわりです。

幸徳秋水を始めとする無政府主義者たちによって企てられたと言われる一九一一年の大逆事件。天皇暗殺計画が明治天皇の晩年におこったことは、天皇その人よりむしろ、周囲にいる「建国の父祖共同体」にまつわる人々を恐怖の底に陥れました。洋式国家の皇帝・国王に頻出する暗殺行為が、ついにグローバル・スタンダードを採用した日本にもやってきたその事実に驚いたのです。

もはや彼等は維新の功を共にする「逆臣」ではありませんでした。むしろグローバルな無政府主義というイデオロギーの奉仕者であり、どうあっても「建国の父祖共同体」にとりこむことはならなかったのです。ここに天皇と統治をめぐる新たな争点が浮上したことは疑いえません。

その一年後、明治天皇は亡くなり、大正天皇という病弱で性格の弱い天皇を迎えることとなります。ぎりぎりのタイミングで桂太郎に「元勲優遇」の勅が与えられ、西園寺公望は「元老会議」への出席者となりました。しかし明治天皇の死によって「建国の父祖共同体」は、完全に名存実亡となります。明治維新は遠き過去の栄光にすぎず、もし新たな共同体を作るためには新帝との間には〝大正維新〟の功臣が登場せねばなりませんでした。だが、大正維新は大正政変となって、桂園体制は崩壊し、桂太郎は政治生命のみならず物理的に死を迎えてしまう。

つまり大正天皇は「建国の父祖共同体」の継承発展はおろか、明治憲法体制の維持展開にも困難な状況におかれていました。美濃部達吉の「天皇機関説」が、大正天皇の統治のオーソドキシーとなって顕在化したのは、このためにほかなりません。山県有朋、井上馨、大隈重信、西園寺公望、山本権兵衛、寺内正毅、そして原敬。代がわり後の統治のゲームの見取り図を詳細に描く作業は、またの機会にしましょう。

亡国の父祖共同体

ここで最後に触れておきたいのは、大正天皇から昭和天皇の代がわりのことです。

昭和天皇は事実上大正天皇の統治を代行し始めたその時（一九二三年）、摂政宮として虎ノ門事件に遭遇します。大逆事件から虎ノ門事件へ。しかも明治天皇とは異なり、昭和天皇は統治の初めに暗殺の脅威に出会いました。このことが彼のその後の統治に及ぼした影響如何は重要です。

今や代がわりにあたって〝昭和維新〟の声なく、昭和天皇は名実ともに明治憲法体制のみに依拠する存在となりました。「建国の父祖共同体」を代行するものとして、バーチャルではない「宮中グループ」の存在が、最後の元老西園寺公望を頂点に顕在化し始めていました。しかし、昭和天皇は、三代の系譜をへた「宮中グループ」の意向に全面的に従うものでもありませんでした。

一九三〇年代に入ると、〝昭和維新〟の声が、明治初期の天皇親政運動の再来を促し、逆に「天皇機関説」は国家の公権的解釈を禁じられてしまう。かくて「宮中グループ」は一歩一歩追いこまれていきます。

日米戦争の敗色濃くなった一九四四年、昭和天皇はどうしたことか、祖父明治天皇の故智に倣ったかのように、自らと戦時功臣との間にパーソナルな信頼の確認行為を行っています。首相を辞した直後の東條英機に、参謀総長の職責上の功をたたえ、「元勲優遇」もどきの勅を与えた事実があるのです。これは『昭和天皇独白録』（文春文庫、一九九五）における天皇の東條に対する一貫した高い評価と相通じるものがあります。それにしても明治憲法体制崩壊の直前に、「建国の父祖共同体」ならぬ「亡国の父祖共同体」ともいうべき存在を昭和天皇が無意識のうちに拵えようとしたのならば、天皇と統治の関係を考察してきた本章の末尾を飾る歴史の皮肉これにまさるものはないでしょう。

◉第三章

昭和天皇と「宮中」

天皇と天皇制

本章では「天皇と天皇制」について考えてみます。とりわけ昭和天皇のリーダーシップというものがどのようなかたちで現われていたか、少し検討を加えたい。

昭和天皇は、「一身にして二世を生きた」、つまり「二つの時代を過ごした」天皇と言うことができます。なぜかといいますと、昭和天皇のリーダーシップを規定するのが、あるいはリーダーシップがあるかないかについても規定するのは、ほかならぬ憲法体制だからです。そこで、帝国憲法及び戦後憲法に規定された統治の仕組みがどういうものであったかを最初に少し説明して、そこから昭和天皇のあり方を考えてみたいと思います。

一身にして二世を生きる

まず帝国憲法体制、つまり大日本帝国の下の統治体制はどうなっていたのでしょうか。これは非常に粗っぽい図式ですが、ともかく天皇というものがいちばん上に存在していて、それから今日で言う行政権についていえば、内閣があります。内閣の筆頭の国務大臣が総理大臣であり、それと横並びで外務、大蔵、司法、その他の大臣が続くというかたちになっています。ここが行政権の主体です。

そして帝国議会、これは立法の主体ですが、そこに衆議院と貴族院があり、貴衆両院はほぼ対等の権能を持っていました。

これに加えて、今で言う裁判所としての大審院というものがあります。これが司法権です。それ以外に陸軍大臣、海軍大臣、さらに陸軍の参謀本部、海軍軍令部があります。ここに、俗に言う「統帥権の独立」という、軍部が政治的に独立して活動できる根拠があったわけです。

そして、天皇を補弼するための内大臣府があり、宮内省、そして重要な事項あるいは条約などを審議するときのための枢密院という存在がある。さらに、憲法体制外、つまり憲法に書かれていない存在として元老というものが存在して、これらが天皇を支えている。そのようにずいぶん複雑な機構であり、非常に多元的な体制でした。

それが、戦後は一変します。主権は国民になりました。天皇はシンボル、象徴として存在し、内閣が非常に強化され、総理大臣も強化された。普通の大臣の罷免権は総理が持っています。

そして国会があって、そこには衆議院と参議院があります。これもほぼ対等に近い。さらに、司法権としての最高裁判所。戦前の司法権よりもはるかに独立して存在しています。要するに戦後の体制は極めて簡明になったと言えると思います。

昭和天皇は、帝国憲法体制の下の天皇から戦後憲法体制の下の天皇に変わっていった。すなわち、一身で二つの権能を果たしたことになるわけです。その意味で、両方の政治体制の下で天皇が政治指導をしたことに歴史の意味があるのではないでしょうか。

富国強兵と都市改造

次に天皇が存在していた場所と天皇との関係について話を進めましょう。

京都御所の現在の建物は、一八五五年に造営された非常に由緒あるものです。明治初年まで明治天皇はこの京都御所に住んでいたわけですが、事実上東京に移るということになりました。たぶん京都に戻ることを前提としていたのでしょうが、結局は生涯戻ることはありませんでした。

その後明治天皇が演習やいろいろな機会で外に出るときに京都を通るのに、どうして京都に戻らないのかということが問題になったことがあります。『明治天皇紀』などを読んでみますと、それに関して明治天皇はこういうふうに言っています。「私はもちろん京都が好きである。東京よりはるかに京都のほうが懐かしい。だけれども、京都に立ち寄れば本当にせつなくなって東京に帰りたくなくなるから、京都には立ち寄らなかったんだ」。彼は本当に京都の人であったと言えるのです。

それに続けて申し上げたいのは昭和天皇です。大政奉還後三代目の昭和天皇はまぎれもなく東京の人であった、ということから話を始めたいと思います。なぜ、昭和天皇は東京人であると言えるか。それは、昭和天皇が二十世紀の東京に生まれ育ち、そこで一生を過ごしたという事実のみに根差しているわけではありません。むしろ昭和天皇は、自らの生活を通じて東京をつくるという積極的な側面にも深く関与していたのです。言い換えるなら、昭和天皇の存在は、東京という都市の運命と分かちがたく結びついていた。

古来、権力者は、自らの権力を最も贅沢に表現できるものとして、都市づくりを好んだと言われています。例えばナポレオン三世によるパリの都市改造、あるいはヒトラーによるベルリンの都市改造などが有名です。それでは、日本の近代の都市づくり、とりわけ東京の都市づくりがどうであったかというと、少なくとも明治天皇や大正天皇が東京の都市計画について、なんらかの意図を持っていたという事実はありません。これは非常に象徴的ですが、明治の政治家たちも、自らの支配する所領を自らの手でデザインして造営するという経験と楽しみは持たなかった。ですから、「富国強兵」とよく言われますが、このスローガンに「都市計画」的な発想というのは実はあまり合致しませんでした。

そのような状況の下、昭和天皇は東京の都市づくりに積極的な抱負や構想を持っていたのかといいますと、これまた答えはノーです。それどころか、皮肉なことに昭和天皇は東京の破壊に二度立ち合うことを余儀なくされます。まず、摂政として関東大震災（一九二三年）に、継いで大元帥の天皇として東京大空襲（一九四五年）に遭遇して、廃墟と化した東京を目の当たりにする。二十世紀の東京を襲ったこの二つの災害、これが為政者としての昭和天皇に与えた影響は決定的なものであったと私は思います。

大震災が起きたとき、日本では、あるいは東京ではと言っていいかと思いますが、まさに内閣が交代をする最中でした。加藤友三郎総理大臣が亡くなり、次の総理大臣を誰にするかという非常に困難な状況のときに大震災は起きたわけです。これは非常にミゼラブルな状態になったということで、後年になってもなお、その惨憺たる様子に対して「非常に感慨無量でありました」と記者会見で昭和天皇は語っています（一九八一年）。震災の時点から、昭和天皇は東京と運命をともにし、東京を通して日本を見る視点というものを確立したと言えるでしょう。

震災復興と昭和天皇

昭和天皇のこうした視点は、震災復興計画を担当した内務大臣兼帝都復興院総裁、後藤新平に対する積極的な評価としてまず現れています。後の記者会見で次のように言っています（一九八三年記者会見）。

この復興に当たって後藤新平が非常に膨大な復興計画を立てたが、いろいろの事情でそれが実行されなかったことは非常に残念に思っています。もし、それが実行されていたらば、おそらくこの戦災がもう少し軽く、東京あたりは戦災は非常に軽かったんじゃないかと思って、今さら後藤新平のあのときの計画が実行されないことを非常に残念に思っています。

昭和天皇は後藤新平の都市計画にこれほどの思いを込めていた、というのは非常に象徴的なことです。さらにずっと見てゆくと、昭和天皇の後藤と都市計画に対する評価というものは、後藤の理論的ブレーンであったアメリカの政治学者チャールズ・ビアードにまでつながります。ビアードが作った『東京市政論』（一九二三）という本に大きな感銘を受けたと昭和天皇は言っています。

昭和天皇の都市計画に関するこうした一連の関心は、都市計画の文脈を考えるうえで非常に興味深いところです。ただ、天皇機関説というものが支配的になりつつあった当時においては、既に述べたような他の権力者たちのように都市づくりを楽しむ感覚を持つことは昭和天皇には許されなかった。天皇は確かにそのすべての機構の上に立っていますが、あの多元的な機構は天皇をも一つの機関とみなして動いていますから、天皇自身の好みとか関心がその政治の中に反映されることは許されなかったのです。

大正期、一九二〇年代の政党政治は後藤のこの都市計画を葬り去ると同時に、天皇の東京への関心をも遮蔽してしまうという機能を果たした。しかも、摂政からやがて大元帥としての天皇になるにつれ、現実に処理すべき日常の課題がたくさん出てくる。それに追われて昭和天皇の東京に対する関心というものはますます後ろに退いていくことになりました。そして、あの宮城（とかつて言いました。今の皇居です）から東京に対して開かれていたルートは、観兵式など大元帥としての軍事儀礼を除けば、わずかに春の観桜会と秋の観菊会とに限られてしまいます。さらに、東京に対して細々と開かれていたそのルートまでも、日中戦争の勃発によって閉じられていくことになるのです。

こうして戦時体制の進展とともに宮城に封じ込められた昭和天皇が、今一度東京を直接見聞する機会に恵まれたのは、またしても東京の破壊に際してでした。一九四五（昭和二十）年三月十日の東京大空襲直後に、昭和天皇による東京視察が企てられます。先例が四半世紀近く前の関東大震災直後の視察であったことは、言うまでもありません。視察のあり方をどうするかということを当時の側近がいろいろ考えていますが、最終的に三月十八日に昭和天皇は戦災地の視察に赴く。そのときの昭和天皇の様子については、藤田尚徳侍従長の回想があますところなくその雰囲気を伝えています。

三月十八日、私は陛下に供奉して東京の空襲被害地を巡った。この日は彼岸の入りであったが風が冷たく、陛下の御巡幸の道順の警戒もできぬほど、焼け跡の整理はできていない。深川富岡八幡宮の焼け落ちた本殿の跡で、大達内相が被害状況をご説明申上げたが、この日の御巡幸を知らぬ都民は、ふと陛下のお姿をみて、驚きの表情でお迎えしていた。

陸軍の軍装を召された陛下は、都民のモンペ姿、防空頭巾姿にいちいち会釈しながら、汐見橋、東陽公園、錦糸町、駒形橋、上野、湯島切通坂と一巡なさった。車中で私に悲痛なお言葉をおもらしになったのは、湯島を通り過ぎる頃であったろうか。

「大正十二年の関東大震災の後にも、馬で市内を巡ったが、今回の方がはるかに無惨だ。あの頃は焼け跡といっても、大きな建物が少なかったせいだろうが、それほどむごたらしく感じなかったが、今度はビルの焼け跡などが多くて一段と胸が痛む。侍従長、これで東京も焦土になったね。」

（藤田尚徳『侍従長の回想』講談社、一九六一）

天皇の感慨が本当に伝わってくるようです。こうして昭和天皇が焦土と化した東京の視察を通して、「これはもう本土決戦はできない」と終戦の決意を固めたのは、まず間違いないだろうと思います。

終戦を迎えたあと、これは日本の敗戦であったわけですが、戦犯問題や退位問題で自らの進退が国の中あるいは国の外の両方で争点化されるなか、昭和天皇はその存在をかけて東京との結びつきを回復しようと試みます。

第一は、宮城つまり皇居から東京へと開かれたルートを太く、大きく、さらに多くすること、第二は、天皇自身が自らの住居を宮城外に求めることでした。宮城から天皇が出てくる可能性については、宮中でも真剣に検討がなされています。

占領下の時代には、大元帥としての天皇は既に否定されています。つまり大日本憲法体制の下の天皇というのはここで否定されているのです。したがって、江戸城以来、武家の棟梁の住まいとしての伝統をくんでいる宮城を放棄すべきであるという意見を、天皇の弟である高松宮をはじめとして主張した人は存外いて、それはまたそれなりの説得力がありました。昭和天皇も一度はそういうことを考慮しますが、東京の中にあって宮城に代わる適当な住居を選定することは到底できませんでした。

最晩年の近衛文麿は、天皇にもう一度京都に戻っていただくことを考えていました。ところが昭和天皇は、自身が京都に戻ることを現実的な選択肢としてはまったく考慮しなかった。これは注目に値することだろうと思います。天皇も近衛も、近衛は藤原以来ですから、千年に及ぶ京都の伝統を引き継いでいました。にもかかわらず東京に対する思い入れの違いが二人の態度を分けたのです。近衛は「戻ってもいい」と考えた。ところが、明治天皇はあれほど京都のことが好きだったのですが、昭和天皇は「東京に残ろう」という決意をいたします。これからもう一度行なわれるであろう東京の復興を目指す都市づくりの中に、自らの住居をよりオープンなかたちで位置づけたかった。これは、ここで強調しておいていいことでしょう。

昭和天皇の戦争責任問題

さて、敗戦になりました。そこで当然出てくるのが天皇の戦争責任問題です。このことに触れておかねばなりません。今日非常に有名になった『昭和天皇独白録』という文書があります。これは昭和天皇自らが今後のことを考えて、これまでの戦争に至る経緯、あるいは自分自身が行なった政治のいろいろな問題点について側近の者に語った、一種のオーラル・ヒストリーです。読んでいますといろいろなことがわかります。ここではその中からただ一点だけをお伝えしておきたいと思います。

張作霖の爆死事件が昭和の初め一九二九年にありました。河本大作という大佐を処罰しなければならない。田中義一内閣のとき、田中首相は「河本大作の処罰を必ずやる」と天皇に約束しながら、これを覆します。そのとき天皇は田中首相を叱責するのです。『昭和天皇独白録』にはこのように書かれています。

そこで田中は再ひ私の処にやって来て、この問題はうやむやの中に葬りたいと云ふ事であった。それでは前言と甚だ相違した事になるから、私は田中に対し、それでは前と話が違ふではないか、辞表を出してはどうかと強い語気で云った。

こんな云ひ方をしたのは、私の若気の至りであると今は考へてゐるが、とにかくそういふ云ひ方をした。それで田中は辞表を提出し、田中内閣は総辞職をした。

これは非常に率直な表現ですけれども、このまま読めば、立憲君主である昭和天皇が田中首相に直接辞職を促したことになるわけです。もっともこの発言に続いて昭和天皇は注目すべき二つの発言をさらに行なっています。

この事件あって以来、私は内閣の上奏する所のものは仮令自分が反対の意見を持ってゐても裁可を与へる事に決心した。

田中に対しては、辞表を出さぬかといったのは、「ベトー」を行ったのではなく、［引用者註：つまり拒絶をしたのではなく］忠告をしたのであるけれ共、この時以来、閣議決定に対し、意見は云ふが、「ベトー」は云はぬ事にした。

昭和天皇の政治についての極めて率直な発言です。この文脈を読んでいて、昭和天皇が田中首相に辞表提出を命じたかどうか、実証的な観点からの事実確定はここでは大きな問題ではありません。むしろ、立憲君主としての昭和天皇が、戦前のあの帝国憲法体制の下で、自らの意思表示を三つの類型に分けて行なおうと試みた点に重要性があります。

第一は、意見は一切言わずにそのまま裁可する。第二は、意見は言うが裁可する。第三は、忠告はするが決定の拒絶をしない。

意見は言わずに裁可、意見は言うけれども裁可。そして、忠告はするけれども決定を拒絶しない。仮に昭和天皇が田中首相叱責事件からこのような示唆を得たとしても、果たして宮中内部でそれを知り得た者があったかどうかは疑問なしとしません。この辺りはまだ解明できないところです。しかし、いずれにせよ昭和天皇がこのように自覚的に振る舞う限り、天皇の意見というものは場合に応じて決して一様ではなく、おそらくかなりの幅をもって臣下に迫ってくる。そうすると何が起こるかというと、そこに側近の解釈、憶測が入りますから、昭和天皇の意見は最終的にはこれを受け止める側の「天皇の政治言語」への理解力、あるいは心理的な状況というものに左右されることになるのです。

おそらくいったん発せられた天皇の意見は、さまざまなかたちでそれが受容されていくことになる。ですから、戦後は「天皇のお言葉」と言いますが、戦前において天皇のこのような「政治的な言語」というものをどのように処理していったらいいかということは、甚だ難しい問題であったと思わざるをえません。

これが昭和天皇の側からの弁明だとすれば、ここにもう一つ最近明らかになった資料から昭和天皇の責任問題について触れておかなければなりません。それは、近代日本の生んだ最大の言論人であり、皇室中心主義というものを訴え、いわゆる「あの戦争」、すなわち十五年戦争というものを戦ってきた日本の中心にいた人物、すなわち徳富蘇峰（一八六三－一九五七）が、六十年前に実は天皇の戦争責任を自分の『頑蘇《がんそ》夢物語』の中にきっぱりと書いていて、「一〇〇年後に出してくれ」と言っていることです（『徳富蘇峰　終戦後日記　「頑蘇夢物語」』講談社、二〇〇六として刊行）。象徴的です。いちばん右側にいて天皇を助けた徳富が天皇に対して最大の批判をする。それがこのポイントです。なぜあの戦争に負けたのかを蘇峰は考えて、あの戦争と日露戦争を比較するとこういうことだ、と言っています。

我が大東亜戦争は、誰れが主宰したか。それは申す迄もなく、大元帥陛下であることは多言を俟たぬ。しかも恐れながら今上陛下の御親裁と、明治天皇の御親裁とは、名に於て一であるが、実に於ては全く別物である。

（『頑蘇夢物語』一巻十一「敗戦の原因（二）」――昭和二十年九月二日午前、双宣荘にて）

彼が比較したのは日露戦争のときの明治天皇です。日露戦争を主宰したのは明治天皇でした。そして今回の戦争、「大東亜戦争」を主宰したのは昭和天皇です。でもそのあり方はまったく違った、というのが彼のここでの議論です。何がいちばん問題であったのか。

熟々《つらつら》開戦以来の御詔勅を奉読するに、宣戦の大詔にすら、その文句は動《やや》もすれば、申訳的であり、弁疏的であり、従《よっ》て消極的気分が勝っているようだ。

（『頑蘇夢物語』一巻十六「敗戦の原因（七）」――昭和二十年九月四日午後、双宣荘にて）

要するに開戦の詔勅も、どちらかというとなんとなく元気がない、という話です。続けます。

何れの文書を奉読しても、その御気持ちが、到底最後の、降伏の詔勅を予想し、予定し、前知したるかの如き感想を、起さしむるものあるは、あるいは我等の僻《ひ》が目《め》かも知らぬが、是非もなき次第である。要するに戦争そのものが、至尊の好ませ給うところでなく、何れにしても、戦争を速かに切り上げる事のみに、軫念《しんねん》あらせ給うたることは、草莽《そうもう》の我等にさえも［以下略］　（同書）

その苦労をしていたことはわれわれでもわかる、と言っているわけです。つまり、昭和天皇は開戦の詔勅に署名をして日米開戦をしたならば、それに向かって全身で動かなければ嘘であろう。ところが、どうもそれをやらなかったのではないか。どこか和平主義者的なところがあり、途中からそういう方向に向いたので戦争そのものが完遂できなかった。それが最大の問題だという。これは昭和天皇に対するある種痛烈な批判です。

大日本帝国憲法の下での昭和天皇から考えたときに、はたして昭和天皇自身の姿は先ほどの『独白録』の中の天皇像が正しいのか、あるいは蘇峰がここで述べているような、責任はどうしたって昭和天皇にあるという言い方のほうが正しいのか。これだけで一概に結論できませんが、こうしたさまざまな見方が出てきているという事実、これが今の段階では重要なことです。

戦後復興と昭和天皇

昭和天皇の責任問題を今議論しましたが、天皇自身は退位することもなく、戦犯に指名されることもなく、そのあとの極東軍事裁判から免除されます。免除されたあと象徴天皇になりますから、今度は彼自身が戦後の政治の中にどうやって入っていくかという話になる。

東京の復興は、ある統一的なプランの下に行なわれたのではなく、なしくずし的に進められていきました。同じように、天皇の住まいの問題も、なしくずし的に「宮城」を「皇居」と改称することでおさまることになります。

昭和天皇はここで、戦前のある時期そうであったように、というよりもそれ以上に、皇居から東京に、さらに日本全国に開いていくルートを開拓していきます。すなわち、「人間宣言」を一九四六年に行ないますが、これに続いて、東京を起点として全国を視察するイベントとして「地方巡幸」を企図する。これについて実はGHQとのあいだにはいきさつがずいぶんあったのですが、しかしGHQの動向を、昭和天皇は非常に注意深く探りながら、東京行幸、さらに神奈川行幸等々、行幸啓を進めていくことになります。

東京行幸が成功したことに力を得た昭和天皇は、昭和二十年代を通じて精力的に地方巡幸を続けていきます。新憲法が公布されたときには、天皇は皇后とともに東京都が主催した記念大会に出席して、東京都民とのエールの交歓にみごとなまでの成功をおさめます。一九四七年には福島県の常磐炭坑を視察しています。常磐炭坑を視察する昭和天皇を映したビデオがあります。戦前大元帥の姿で現われていた天皇が、非常に気楽な服装で地下に潜っていくなどということは到底あり得なかった。しかも天皇の顔が非常に楽しそうに見えるというのがここでの特徴だと思います。

VTR（国民に話しかける昭和天皇）

「……これからひとつ、みんな一生懸命やってくださいね」

「暑くはないか」

「健康はどう？」

映像には無事に戻ってきてホッとしている昭和天皇の姿がはっきりと映っています。

さらに新憲法下の象徴天皇にふさわしいイベントを、昭和天皇は次から次へと開発してゆきます。例えば春の全国植樹祭と秋の国民体育大会、これに天皇が出席することが制度化されます。後年天皇は、戦後の思い出の中で、「一番は何といっても、終戦間もなく困ったものに同情し、国民に対して激励を与えた、各県の巡遊が印象深いことです。私は、皇室と国民の接近をはかるつもりでやりました」と言っています（一九七五年記者会見）。つまり、国民とともに歩むという姿勢を示すことで、昭和天皇の自らの戦前の姿勢を全部捨てて、新しい洋服をまとったのです。

高度成長と昭和天皇

やがて昭和三十年代に入ると、時代はもはや戦後復興ではなく高度成長へと移り変わってきます。そして、一九六一年に昭和天皇は還暦を迎えますが、戦後復興を世界中に知らしめる東京オリンピックの名誉総裁に就任します。周知のように、一九六四年のオリンピックは、東京のインフラストラクチュアを一段と整備し、都市としての相貌を著しく変容させる効果を持ちました。東京オリンピックの直前、昭和天皇は記者会見で「あとは天災、人災もなく、外国人から東京でオリンピックをやってよかったという言葉の聞かれるのを楽しみにしている」と言っています。

第十八回近代オリンピアードを祝い、オリンピック東京大会の開会を宣言します。

（昭和天皇による開会宣言）

このように、東京オリンピックを一つのピークとして迎えた戦後二十年というのは、明らかに一つの節目になりました。東京の復興を皇居から東京へ通ずるさまざまなルート開拓で確認してきた昭和天皇にとって、これからもこれらを一つひとつこなしていくことが大きな課題になっていくのです。

例えば国会の開会式、日本学士院や芸術院の授賞式、あるいは春の植樹祭と夏の全国戦没者追悼式、それから秋の国民体育大会、そして園遊会というふうに、天皇が出席しなければいけない儀礼、儀式が制度化されてゆきます。このようなカレンダー上の行事がどんどんできていくと同時に、昭和四十年代に入ると、このいささか膨れ上がった行事をこなす主人公である昭和天皇自身に、老いというものが忍び寄ってくる。確かに明治天皇もかなり長生きをされましたが、昭和天皇は明らかに高齢化という日本社会全体が突き進んでいく傾向をもシンボライズし、自ら長寿長命であるということになるわけです。

いちばんの問題は天皇には退位規定がないことでした。したがって、ずっと同じ公務を続けていかなければならないという事態になり、これが昭和四十年代から五十年代にかけての昭和天皇の大きな問題になってきます。昭和天皇自身は一生懸命やりたいわけですが、体のほうがついていかない事態のなかで、どのようにしたらいいかということになるのです。

一九七一年に昭和天皇は古稀を迎えます。常に老いとの戦いを迫られながら、一方ではこれからあと、ヨーロッパ訪問あるいはアメリカ訪問といった日本社会の国際化に対応していく部分を背負うことになります。他方、高齢化社会のシンボルとして、歴史の中の天皇の役割が増大していきます。公私ともに昭和史への回顧というものが増えていくのです。

例えば一九七四年一月に、警視庁創立百年式典に昭和天皇は出席しています。そのとき警視総監は「今の陛下のときにおいでいただいてよかった」と言っています。これは何を言っているのか。東京の治安の要である警視庁に、一九三一年以来、実に四十数年ぶりに昭和天皇が再び見えたという事実に歴史的な重みを見出している、ということなのです。これはまさに、昭和史というものを常にフィードバックする東京人としての昭和天皇を象徴する出来事であったと思います。

昭和天皇はこのように、生涯を常に東京との相関関係の中に置いていました。既に見たように、まず関東大震災、それから東京大空襲、戦後復興と東京オリンピック、そして歴史的東京の回顧。今は簡単に四つに時期区分をしてしまいましたが、これに対応するかたちで昭和天皇は存在していた。しかも、戦犯の問題を、賛否はありましょうが見事にクリアしたことによって、昭和天皇は戦後、戦前への反省の思いを込めて国民の前に立ち現れることになったのです。

結局のところ昭和天皇は、東京のハードとしての都市づくりに直接関与することはありませんでした。が、宮城、皇居における生活実態そのもの、あるいはそこから東京に開かれたさまざまなルートを通して、ソフトの東京の都市づくりにはいつも関心を持ち続けました。そして、直接間接に影響を及ぼしてきたのです。先に昭和天皇は一身で二世、二つの人生を送ったと言いましたが、それが可能になったのはやはり東京という磁場、つまり自分にとっていちばん近い地点は何だろうかという場所の確認ができたからだと私は思っています。これが意外にも、天皇制を支えた大きな理由ではないかという気がするわけです。

何よりも昭和天皇は、東京人として東京に非常に大きな関心を持ち続けていました。ある記者会見でのアメリカ人の記者との非常にユーモアのある会見の模様が残されています（一九七五年記者会見）。

記者　陛下は一日でも一般の人になって、誰にも全く気付かれず、皇居を抜け出し、気ままに振るまってみたいとお考えになったことはありませんか。仮に実現したら何をなさいますか。

なかなか含蓄のある質問だと思います。昭和天皇は次のように答えます。

昭和天皇　心の奥底では、いつもそう願ってきました。恐らくマーク・トウェインの『王子と乞食』のようにね。もし、そのような願いがかなえられるなら、たぶん結末もこの物語と同じようになったでしょう。

なかなかうまいですね。昭和天皇はこういう言い方でその記者会見を切り抜けました。昭和天皇は常に新しいことに挑戦をし、そしてその晩年には国際化に対応するように、センチメンタル・ジャーニーと言われましたけれども、ヨーロッパに行き、そしてまたアメリカに行きました。

ただ、問題はそこにある。国際化といっても、次に出てくる問題は、それ以後の内閣がいろいろなことを考えたように、国際化を通じての皇室外交ということを考え始める。皇室外交となれば明らかに政治の色がもっともっと強くなってきます。それを昭和天皇がどのように考えていたのかは、今日のところわかりません。

昭和天皇の崩御

長寿であった昭和天皇も、やがて最期のときを迎えることになります。昭和天皇が亡くなられたときの新聞記事があります（一九八九年一月七日付朝日新聞）。このとき、大喪の礼というものが行なわれました。大喪の礼というのは、明治天皇、大正天皇以来の天皇の葬儀ですが、これを日本国民が見ることができたのは間違いなく初めてのことでした。大正天皇以前のときはそれがテレビで報道されるなどということはまったくありませんでした。つまり天皇自身の存在が、亡くなられてなお国民の目に焼きつくということが、この時はっきりしたのです。もちろんその問題については賛成、反対がたくさんありましたが、いずれにせよ昭和天皇は、最後の最後まで国民の注目を集めたことになるわけです。

そして、昭和天皇から今の天皇に代替わりをいたしました。今なお天皇制は続いています。昭和天皇が晩年「祈る」ことを始めたように、代替わりされた天皇自身も、皇后と一緒に「祈る」ことを続けています。特にそれが戦災地であるということが特徴的です。国内の戦災地ではなくて国外の戦災地であるということで、戦争責任の問題をおそらく天皇は、天皇家の中にありながら意識されている。あるいは天皇制を支えているものの一つはそうした「祈り」の行為である、とわかるように続けられている気がします。

現在の戦後憲法体制がこれから変わり得るのかどうか。われわれは二十世紀の昭和天皇が生きた道をもう一度しっかり見直すことが必要ではないでしょうか。戦争責任の問題は完全に片が付いたわけではありません。

宮中と政治

さて、話題を転じて「宮中と政治」をテーマにお話をします。

ちょっとお考えいただきたいのですが、戦前史にあって戦後史にないものは何でしょうか。それは宮中と軍部です。ここから宮中に着目して、一九三〇年代から四〇年代という、まさに政治的なリーダーシップが転換期を迎える時代を振り返る試みをしたいと思います。

ここでは四人の人物に焦点を当てます。仮にタイプ分けをして、「宮中政治家」と「宮中官僚」という言い方をしましょう。あとでそれぞれのキャリアパスを詳しくご説明して、その違いを明らかにします。

まず、「宮中政治家」は、有名な「最後の元老」西園寺公望。そして、西園寺よりはるかに年下になりますが、近衛文麿。「宮中官僚」としては牧野伸顕、それから木戸幸一。世代的には、近衛と木戸が同世代になり、西園寺の世代を次に継ぐのが牧野である、という流れになります。

それでは、これから一つひとつのパターンについて説明します。

宮中政治家――西園寺公望と近衛文麿

まずは西園寺です。

西園寺は、九清家《せいが》の一つ、かなりの名門の生まれです。パリに留学をし（一八七〇－八〇年）、東洋自由新聞社の社長になる（一八八一年）。若い頃はかなり自由な生活を送っていました。そして、伊藤博文の憲法調査に随行した後（一八八二年）、賞勲局総裁になり（一八九一年）、そこからは一挙にキャリアを登り詰めていくことになります。貴族院副議長、文部大臣、枢密院議長となる。そして伊藤博文のあとに政友会総裁になり、桂が総理になり西園寺が総理になりということを繰り返す、「桂園《けいえん》時代」と言われる時代をつくり、二十世紀初頭に迎えることになります。

さらにその後、「最後の元老」になります。天皇のそばにいる貴族出身者ということでは最初で最後の、そして薩長の政治家たちが亡くなっていったあとは、事実上の「最後の元老」になるということがポイントです。

続いて、近衛文麿について見てみます。

近衛は五摂家の筆頭ですから、西園寺よりももっと天皇に近い存在であり、藤原家の嫡流であるわけです。父、篤麿《あつまろ》も、西園寺と並ぶ貴族出身の政治家でした。近衛も若い頃、パリ講和会議の随員として西園寺について行きます（一九一九年）。その後は貴族院副議長（一九一三年）、議長（一九三三年）となります。篤麿もやはり議長になっていて、「近衛家二代」の議長となります。

そして、三〇年代にアメリカを訪問し、やがてそれ以外の官途はまったく歴任しないまま一九三七年に総理大臣になり、一九四〇年にもう一度総理大臣に返り咲くという経歴になるわけです。

戦後に関しても、東久邇内閣ができますと、事実上の副総理、国務大臣になり、後内大臣府御用掛になって憲法改正に手を染めるというところまでいきます。

以上が、「宮中政治家」と言われる二人です。

宮中官僚——牧野伸顕と木戸幸一

今度は「宮中官僚」と呼ばれる二人について見てみます。

まずは牧野伸顕です。

牧野は、「維新の三傑」と言われた大久保利通、木戸孝允、西郷隆盛のうちの一人、大久保利通の次男であって、薩派の嫡流です。若い頃に外務省の御用掛になり（一八七九年）、ロンドンの大使館に勤務したりしながら（一八八〇年）、やがて法制局の参事官（一八八五年）、そして、それからは県知事や次官、さらには公使を歴任し、そして普通の国務大臣も歴任したうえで、一九一二年に宮内大臣になり、二五年には内大臣になって十年間務める、というキャリアです。

最後の一人は木戸幸一です。木戸孝允の孫で、木戸孝正という方の長男。大学を出ますとすぐに農商務省に入って（一九一五年）、一般の官僚としての道を歩き始めます。そして、一九三〇年には内大臣秘書官長になり、牧野伸顕内大臣に仕えます。一九三三年に宮内省の宗秩寮総裁になり、やがて盟友である近衛の内閣で文部大臣になり、厚生大臣、そして次の内閣の内務大臣と普通の大臣を歴任した後、一九四〇年に内大臣になり、敗戦に至るまで内大臣を務めることになります。

さて、こうして見てきたところで、まず「宮中官僚」としての牧野と木戸について少し説明をしておきたいと思います。二人はそれぞれ特色を持っています。

牧野の場合は、先ほど申しましたように、明治から大正に至る官僚制の道を歩みながら、最後に宮中に入って宮中を守る、そして政治を司る役割をすることになります。一九二〇年代という時代は政党内閣の時代です。後にも述べる「最後の元老」になる西園寺公望が、まさにキャビネットメーカーになっていく。その西園寺を支える役割を果たしたのが牧野でした。同時にまた、彼が内大臣であった十年間は昭和天皇の最初の施政の時代ですが、そこで力を尽くすことになったわけです。ここが一つのポイントだと思います。

木戸の場合は、最初から農商務省、そして商工省という役所に入って官吏を歴任しています。そうした後に宮中に入り、内大臣の秘書官長から経験を積んでいきます。つまり、普通の官僚をやったあと、今度は「宮中官僚」としても、牧野とは違って最初からキャリアを積んでいくことになった。その意味で生粋の「宮中官僚」は木戸幸一であることになり、ライバルの近衛文麿とは、時に近づき時に離れるという、つかず離れずの関係でいたことが現在はよく知られています。

木戸は「宮中官僚」として、まさに自分と同じものを東條英機の中に見ていました。東條は陸軍官僚でありましたから、その東條を近衛のあとの総理大臣に推すことになり、二人で戦争の遂行に協力していくのです。彼は戦時中の宮中を守り通した後、やがて十二月にGHQによる逮捕命令が出たとき、当然のことながら内大臣を辞することになります。そして、その後の彼が昭和天皇について「天皇を辞めて退位したほうがいい」という退位論に与していたことはよく知られています。なぜ木戸が退位論であったかについては、近衛との関係であとで触れます。

西園寺と坐漁荘

次に説明したいのは、「元老西園寺と坐漁荘《ざぎょそう》」というテーマです。そのあとに「近衛と荻外荘」について説明します。

この当時の政治家、とりわけ「宮中政治家」と言われた人たちがどこに住んで政治の指令を出していたのか、また、政治の指令を求める人たちがどこにやってきていたのか。これはやや政治地理学的な話になりますが、かなり重要な問題ですので、ここでしっかりと見ていきます。

さて、元老西園寺は、「最後の元老」としてキャビネットメーカーになっていきます。つまり後継の総理大臣を昭和天皇に対して彼が推薦すること、これが彼にとって唯一の仕事になりました。ですから彼は常に情報を集めなければいけない。そして今度は、聞いた情報の中からある指令を発しなければいけないのです。その発令をする場所として彼が選んだのが静岡県興津にある坐漁荘でした。ここに住むことで、彼は政争激しい東京から若干離れたところで物を考え、そして全体を見ながら指令を発していくのです。

したがって、西園寺の政治的生涯の最後の部分を過ごし、まさに人格化されたルールとして彼が後継首班を決めていく場所としての坐漁荘。その坐漁荘において彼が元老として何をやったのか。岡義武先生の西園寺公望に関する文章「坐漁荘の日々」に見てみたいと思います（『近代日本の政治家』「最後の元老・西園寺公望」岩波現代文庫、二〇〇一）。

西園寺はこの昭和五年には八二歳の高齢に達していた。同年春の大患が回癒した後は、摂生に一層の注意を払うようになった。

坐漁荘の彼は、一日の大部分は和漢の書籍やフランス書をよみ耽った。また、篆刻・盆栽を楽しんだりもした。風のない暖い日には庭を散歩した。午睡から覚めた夕方には、いつも机の前に端座してトランプの独り占いをするのがその日課であった。前にもふれたように、美食家なので、食事の注文は中々むずかしかった。晩餐には灘の酒を手酌で嗜んだ。また明治屋を通してフランスから取寄せたヴィシー（食卓飲料水）をかかさず、太平洋戦争前夜についに入手できなくなるまで常用した。これも滞仏生活の名残りであろう。彼はハバナの葉巻を好んだが、老境に入ってからはエジプト紙巻を愛用するようになっていた。外出や旅行の折は渋い和装のことが多かった。足袋は必ず尾張町の佐野屋の紺キャラコのもの、下駄はつねに銀座西の阿波屋のものを用いた。夏はいわゆるカンカン帽、冬は好んで鳥打帽をかぶった。装身具は洋服の場合には紅色を配した金製品を好み、手袋・紙入れなどとともに、フランス製品を使っていた。香水・石鹸・うがい水なども皆ウビガン製品を愛用した。これらも亦フランス時代の名残りであろう。西園寺は高齢に達しても、ハイカラな通人の面影を失わなかった。

西園寺は坐漁荘における生活をこのように営んでいたわけですが、同時にまた、彼の秘書であった中川小十郎とともに教育指導者という側面から立命館を創立していま す。学長室には直筆の扁額があり、その他、図書館には西園寺文庫として数々の貴重な資料が残されています。

立命館大学には西園寺の像があり、中川小十郎の肖像もあります。西園寺関係の文《ぶん》書《しょ》をはじめ、いろいろ貴重なものが納められている貴重書庫があり、中に入ると、気温や湿度にかなり気を配っていることがわかります。さまざまな西園寺関係の史料、西園寺家に残されていたものがきちんと積み重ねられています。今後はこれらの史料を駆使して、西園寺家ないしは西園寺の研究が進められていくでしょう。

さて、坐漁荘における西園寺の日々は、一九三〇年代、つまり軍部がだんだんと進出してきて、日本が満州事変以降、大陸とのあいだに常に戦闘状態を開くようになる頃から、苦悩が深まってくることになります。にもかかわらず、彼はキャビネットメーカーたらざるを得ない。五・一五事件があり、犬養毅内閣が崩壊し、すなわち政党内閣が崩壊します。そのあと西園寺は悩むわけです。中間内閣にするか、それとももう一度政党内閣にするか。西園寺はそこで、斎藤実という海軍大将を立てて挙国一致的な中間内閣をつくり、それ以後、もし政党が再び国民の評価を得る日が来るならば政党内閣に戻そうと思いながら、その人格化したルールが徐々に崩れていくことを自ら感じつつ、坐漁荘での生活を続けていきます。

例えば斎藤のあとの岡田啓介、さらにいえば二・二六事件のあとの広田弘毅等々は、もはや彼が彼自身のプリンシプルに則って後継の総理にしたわけではなく、非常にたゆとうています。同じように宮中も漂流している。そのなかで軍部が突き進んでくる。右翼が突き進んでくる。どうしたらいいか、というときに切羽詰まった状況の中で、彼は後継の総理大臣をこの坐漁荘で、考えに考えて推薦していくことになるわけです。

しかも、彼が最も期待をした「宮中政治家」の後継者である近衛文麿とは、次第に政治的、思想的な対立を深めていきます。西園寺は親英米派であり続けました。英米協調の世界が、日本の安全あるいは日本の安定を最終的に保障すると考えていたわけです。ところが、西園寺の後継者である近衛は、後にも触れますが、その方向ではまったくありません。むしろ、右翼あるいは革新的なものであるとか、現状維持ではなく現状を変革していく勢力と手を結んで日本の政治を変えていかなければいけないと思っていた。二人のあいだには鋭い対立が生まれます。その対立は、西園寺にとっては自らの孤独を深めるものであったのではないかと思います。

西園寺は晩年の一九三七年、近衛が政権を執ってからあとの話ですが、木戸に対してこう言ったといいます。「近頃つくづくそう思う。種々やってみたけれど、結局人民の程度しかいかないものだね」。これはものすごくシニカルな表現です。さらに、「どうもなんと言っても国民のレベルがこれなんだから、まず国民の政治教育を徹底させて、結局国民のレベルをあげるよりしようがあるまい」と、秘書の原田熊雄にしきりに述べました。もはや人材を新しくつくる以外に方法はないと言っているわけで、彼の深い絶望感のあらわれでありました。

一九四〇年、これは紀元二六〇〇年というお祝いをした年でもありますが、この年に近衛が二度目の総理になります。このとき、近衛を二度目の総理に推すことについて西園寺はついに肯んじなかった。自分としては責任が持てないと言った。しかも、十一月になって近衛が、自分の時代に始まった日中戦争を治めるために重慶工作をやっているという話を聞いたとき、「蔣介石に関する限り、いまなんとしたって日本の言ふことなんかきくもんか」というのが彼の冷たい反応であったわけです。(『西園寺公と政局』第八巻第九篇「太平洋戦争の前夜」岩波書店、一九五二)。

西園寺はこうして「宮中政治家」としては最後に近衛と決別し、昭和天皇を中心とする宮中が今後いかに守られていくかだけを気にしつつ、この年、世を去ることになります。

近衛文麿と荻外荘

今度は、近衛文麿と荻外荘《てきがいそう》についてです。

彼もいろいろな別荘や本宅等の家を持っていたわけですが、ある時期から東京杉並区の住宅街の一隅には、今も残っている荻外荘と名付けた家を持つことになります。

ちょうど首相になる一九三七年あたりに、西園寺に命名してもらったという荻外荘を持つことになった。それ以後ここから政治の指令が出たわけで、まさにここが「政治の館」になったのです。政治的な決定についてもここで近衛が考え、また、重要な人物をここに呼んで話し合いをすることがしばしば行なわれました。

近衛家伝来の古文書あるいは宝物を集中的に集めた陽明文庫が京都にあります。荻外荘が「政治の館」だったとするならば、近衛にとって陽明文庫は「歴史の館」だった、と言ってよいでしょう。陽明文庫は一九三八年に設立されて、一九四〇年に、現在幾つかある棟の一つが建てられ、およそ二十万点の古文書や美術品を一括保存しています。内部も非常に考え抜いてつくられており、湿気や温度によって物が傷まないような工夫がされています。そこには近衛家伝来の古い、そして価値のある書物や書簡があり、国宝に指定されている藤原道長による『御堂関白記』などがあります。こうした物を陽明文庫ではきちんと保存していまして、一つひとつをきちんと納める工夫をしているという点に特色があります。

荻外荘や陽明文庫ができ上がると同時に、近衛の政治活動はいよいよ総理大臣として、いわば国家のリーダーシップを取る役割が始まります。最初に一九三七（昭和十二）年、第一次近衛内閣が成立します。この内閣が不幸だったのは、成立して一カ月余りで日中戦争が勃発したことです。したがって、近衛が自らのリーダーシップを振るう以前に、この戦争の処理の必要性が生じ、ないしは戦争が拡大していくのをどうやって止めるかに精力を捧げなければならなくなりました。

近衛の有名な「爾後国民政府を対手とせず」という声明が出されたり一九三八（昭和十三）年、国家総動員法が定められていったりと、戦争への道を近衛内閣は一気に走っていくことになるわけですが、「近衛文麿のご子息」（次男）である近衛通隆さんが当時のことを語っていますので、それを掲載します。南京陥落に関するお話です。

御厨　南京の陥落のときに大行列があったというお話でしたが、そのへんをちょっとお話しいただけますか。あれは昭和十三（一九三八）年だったと思いますね。

近衛　十三年ですね。われわれはいわゆる大虐殺というのは全然知らされておりませんで、私の兄（文隆）が十三年の末ぐらいでしたか、まだプリンストン（大学）の学生だったわけですが、「日本軍があんなひどいことを南京でして」というようなことが（兄からの手紙に）書いてあって、「ええっ、なんだ」と思ってね。父もあまり知らないようでしたけれどね。そんなようなことがありました。兄貴の手紙で初めてあんなことをわれわれは知ったんですけれど、日本国民はまだずっと後年まで知らされていなかったと思います。

御厨　そのときに御門のところまで出られて、いろいろな市民の方が歩いていかれたというお話ですが。

近衛　そうですね。何千人と旗を持って通ったのを、こちらも手を振って応えたのを覚えておりますけれども。

さて、近衛は結局、その第一次内閣では日中戦争を解決できませんでした。そして、幾つかの内閣が続いたのち、再び出番がやってまいります。それは一九四〇年の夏のことでした。ドイツの電撃作戦が行なわれて、ヨーロッパ戦線ではどうもドイツが勝ちそうだとなったとき、「バスに乗り遅れるな」ということで、三国軍事同盟の成立に向けた動きが一斉に始まります。同時に、軍からすれば、政党はもう解散して一つのまとまりになったほうがいいということで、ここに近衛新体制というものが要求されるようになるわけです。

一九四〇（昭和十五）年七月に第二次近衛内閣が成立しますが、この内閣の組閣は異例なことに、陸軍大臣東條英機、海軍大臣吉田善吾、外務大臣松岡洋右を最初に候補者として決めて、その三者と近衛が今後の方針をトップダウンで決めるというかたちで進められました。その場所がなんとこの荻外荘だったのです。荻外荘での「荻窪会談」として余りにも有名です（一九四〇年七月十六日）。それ以後も荻外荘は折に触れて使われていきます。

この時期、近衛が帝国議会で次のような演説をしています。

本日茲に第七十六回帝國議會に臨み、政府の所信を披瀝するの機會を得ましたことは、私の欣幸とする所であります。今期議會の開院式に當たりましては、特に優渥なる勅語を賜りまして、誠に感激に堪へませぬ。

近衛はこうして新体制に向かっていきますが、いろいろな事情があって、とりわけ近衛自身のリーダーシップが失われていくなかで、すべてがうまくいかなくなります。第三次近衛内閣までつくって戦争回避のために頑張ろうとするのですが、結局ぎりぎりのところで日米開戦には踏み込めないということで近衛内閣は総辞職をし、一九四一年七月、東條内閣に代わることになります。

東條内閣に代わりますと、そのあたりから例の尾崎秀実やゾルゲ事件が近衛の周辺に漂ってくることになりまして、近衛は今度は一転して和平派として見張られる立場になるわけです。東條内閣の下での憲兵隊について近衛通隆さんは次のように話をされています。

御厨　東條内閣の時代からあとは、お父様は和平運動をずっとされていて、その関係で憲兵隊にずいぶん見張られたというような話がありますが、そのへんはいかがでしょうか。

近衛　ええ、少しでも早く戦争を終わらせなければいけないということで、そういう運動を（していたために）軍部から睨まれていたようですから、そんなことで門を付け替えたんです。が、そちらの門の前に憲兵隊が部屋を借り切って、うちへ入る人の動静は全部わかっていたようですね。それから小田原の家なんかも応接間とか寝室とかそういうところに盗聴器があって。それを戦後になって、家に使用人の形で入っていた人が吉田（茂？）さんに「私は近衛家にいたことがあって、こういうことをしとった。盗聴器が今でもあるはずですから、近衛さんの息子さんに話して取り外してください」なんて（話したと）吉田さんから私は聞いたことがありました。

一九四五年になりますと、日本の命運はいよいよ尽きるかに見え始めます。そして、二月に近衛は天皇に「近衛上奏文」を提出します。その中で近衛が最も心配していたのは、戦争の終わりに共産革命が起こることでした。「共産革命が至るところに見える」というのが彼のここでの陰謀史観でありました。彼の内閣を含め軍の中に共産革命を推している人間たちがいて、この計画に則ったがゆえにここまで来たのだと。したがって、彼はそういう左翼の分子に乗せられたことに関して深く責任を感じている、ということをここで言うわけです。早く戦争を解決しないと天皇制そのものが危ない、という考え方でした。

結局、一九四五（昭和二十）年八月に天皇の玉音放送をもって日本は戦争を終わらせます。それからあともさまざまな動きが出てまいりますが、近衛は、後にもう一度国務大臣に返り咲き、さらには内大臣府の御用掛になりということで、戦後政治についてもリーダーシップを見せた時期がありました。

これに対して国民のあいだから、さらにはGHQも含めたところから、近衛批判、とりわけ近衛の戦争責任をめぐる批判が出てくることになります。そのなかで注目すべきは、近代日本の大言論人でありました徳富蘇峰による批判です。彼はもちろん自らには戦争責任があると言っています。戦争の最中に大日本言論報国会、あるいは日本文学報国会の会長として戦争推進をしたわけですから、自分には責任がある。けれども、近衛という人にも責任があるのではないか、ということを六十年前に記し、『徳富蘇峰　終戦後日記「頑蘇夢物語」』の中で議論を展開しています。

蘇峰は次のように批判しています。近衛の何が悪いのか。近衛は最初はどんどん突き進んでいった。ところが、ある地点に来ると必ず逡巡してそこから動かなくなる。推進者でありながら、そこから逆に抵抗者になる。それは日中戦争のときも日米戦争のときも同じではないか。それが政治家としての責任のとり方なのか。そうやって逃げているのではないか、というのがこのときの徳富の批判でありました。

それは即ち六七分迄は平進し、軽進し、時としては猛進しさえもする。しかるにそれ以上となっては、低徊遅疑、一歩は前に、一歩は後《しり》えに、遂に自ら途方に暮れる事が、屢々である。昭和十二年の支那事変の時がそれである。昭和十六年の日本の対米英交渉の時が、それである。（中略）近衛公は、遁げたばかりでなく、遁げるについての、申訳をしたという事である。

（『頑蘇夢物語』四巻六十「近衛公に対する期待と失望」――昭和二十年十月三十一日午後、双宣荘にて）

彼はご承知のように政治的立場としては右です。その彼が右の立場からこれだけ徹底した近衛批判をしたというのは、今日近衛の問題を考えていくうえで非常に重要であろうと私は考えます。

同時にまた近衛は、先ほど言いましたように、天皇の退位論者でした。公的には問題がなくても、いろいろなことを考えると昭和天皇はやはり天皇の地位を退いたほうがいい、という考えでした。われわれが見てきた「宮中政治家」の近衛、それから「宮中官僚」の木戸は、ともに天皇の退位論者であった。そして、そうでない人たちがむしろ逆に「退位しないほうがいい」と言った。ここが、大日本帝国が終わろうとしているときの非常に面白い事態であったと思います。

近衛は、いよいよ逮捕命令が出るか、あるいは戦犯として引き立てられるかという事態になったとき、次のように言っています。「戦争前は軟弱だと侮られ、戦争中は和平運動者だとののしられ、戦争が終われば戦争犯罪者だと指弾される。僕は運命の子だ」と。その「運命の子」の部分について徳富は先ほどの批判をしたわけです。

近衛は出頭命令が出たときに、本当に出頭するかどうかを悩みます。木戸はそれを自ら引き受けて出て行くわけですが、近衛の場合は最後まで逡巡する。彼は、もし自分が出ていけば、自分の内閣のときの責任問題を追及される。そのとき、自分の責任はどんどん軽くなっていき、統帥権の問題になるだろう。統帥権の問題になれば、それはまさに天皇の責任問題になる。そういうことが予想される法廷に立つことは自分としては到底できない、と言っていました。

いよいよ出頭が近くなりますと、彼は迷いのなかで荻外荘に戻ってまいります。そこには一族郎党が集まり、近衛が事前に自殺をするのではないか、なんとかそれを防ぎたい、ということで頑張るわけです。いろいろな人が近衛を見ている。そのなかで、近衛通隆さんが最後に父親を見張る役になる。そして父親と一緒にいろいろな話をします。近衛は「自分はそばに人がいると寝られないから、君とは一緒には休まない」ということで寝るときには別の部屋に行くわけですが、それまでのあいだにいろいろなことを話し合い、「ひとつ遺書を書こう」という話になりました。政治的な遺書ですね。もっといい紙がないかといろいろ探されたようですが、そこにあった紙に鉛筆で書いたものが近衛の遺書ということになっております。陽明文庫にそのまま残されています。

非常に簡潔に書かれたこの遺書には、近衛の全生涯が象徴されているとともに、先ほどから申し上げている「宮中政治家」と言われるものの運命がまさに書かれているような気がいたします。つまり、「宮中」を守るためにいろいろなことをやってきたけれど、最後に、「宮中」の一点を守るためにはどういう努力をしなければいけないかだけを考えるという運命です。西園寺は宮中の最後を見る前に亡くなりました。木戸は裁判を受けようとします。そして近衛はここで自裁をする、というかたちになります。「宮中政治家」そして「宮中官僚」がそれぞれの道を歩んだということが、私には非常に感慨深く思われます。

最後に、近衛の遺書を掲載しておきます。

「御遺書」

僕は支那事変以来、多くの政治上過誤を犯した。之に対し深く責任を感じて居るが、所謂戦争犯罪人として、米国の法廷に於て裁判を受けることは、堪え難い事である。殊に僕は、支那事変に責任を感ずればこそ、この事変解決を最大の使命とした。そしてこの解決の唯一の途は、米国との諒解にありとの結論に達し、日米交渉に全力を尽したのである。その米国から今、犯罪人として指名を受けることは、誠に残念に思う。

　しかし、僕の志は知る人ぞ知る。僕は米国に於てさえ、そこに多少の知己が存することを確信する。戦争に伴う昂奮と、激情と、勝てる者の行き過ぎた増長と、敗れた者の過度の卑屈と、故意の中傷と誤解に基づく流言蜚語と、是等一切の輿論なるものも、いつかは冷静を取り戻し、正常に復くする時も来よう。

　是時始めて神の法廷に於て正義の判決が下されよう。

◉第四章

大正政治史を彩る司馬流と風太郎流

大正期の政治指導を担った原敬と後藤新平。ともに岩手出身の二人の政治家は、薩長藩閥主体の明治の政治に対し、原は政党政治を、後藤はプロジェクト型政治を対置しました。この二つの大正期の政治が、どのように展開していくかを検討します。

司馬流か風太郎流か

大正時代の日本の政治は、明治国家の骨格を継承しながら、政党政治とプロジェクト政治という二つの大きな潮流に分かれていく特徴を持っています。政党政治を推進したのが原敬、プロジェクト型の政治を推進したのが後藤新平です。奇しくも二人は岩手県（原は南部藩、後藤は水沢藩）の生まれであり、原は一八五六年、後藤は一八五七年と二人は一歳違いで同世代です。薩長藩閥から地理的にも遠く離れた東北地方から、転換期の大正を担う対照的な政治家が誕生したことは、特筆に値します。

ところで明治日本を描くのには、二つの対照的な方法論があります。一つは司馬遼太郎の『坂の上の雲』（文藝春秋、一九六九－七二）をはじめとする一連の歴史小説に見られるもの。ここでは一人の主人公、あるいはその一人をとりまく複数の主人公が成長していく過程を、明治日本の発展過程と重ね合わせながら叙述をしていく。言い換えると、彼の大河小説にはさながら伸びゆく明治の青春群像の活写、青年譚の展開を、はっきりくっきり映し出すという趣があります。

これに対して、今一つは山田風太郎の〝明治伝奇小説集〟に象徴されます。『警視庁草紙』（文藝春秋、一九七五）に始まる一連の開化伝奇シリーズは、ある個性の持ち主が別の個性の持ち主と偶然出会うことから事件が起こる。またそこに別のキャラクターがからむことによって、事件が予想外の方向に展開していく。いわばその出会いのざわめきの中で、物語が紡がれることになります。

司馬遼太郎の明治日本は、ひたすら前へ進んでいくと、周囲の明かりが照らし出す中に世界の行く先が浮かび上がってきます。他方山田風太郎の明治日本には、横への思わぬ広がりが示される中で、舞台全体がせり出していく様相が浮き彫りにされます。

実はこの二つの方法論は、明治から大正にかけての、かの二人の政治家を表現するのに応用が可能なのです。まず原敬には司馬遼太郎的方法がふさわしい。つまり原の政党政治家としての成長過程は、日本における政党政治の確立過程にぴたりと重なります。そしてそこには、原と原をとりまく政友会の群像が描かれていくことになるでしょう。

後藤新平の場合は、山田風太郎の方法が適合的です。一人の人との出会いがまた別の人との出会いを生み、プロジェクト型の国家経営をおこなう際に、呼びこまれた人間が能力を発揮し、与えられた場が意外にも拡大していくのが、後藤の真骨頂だからです。

かくて原を司馬遼太郎的筆致で、はたまた後藤を山田風太郎的筆致で各々描くことができれば、読んで楽しい本邦初の対比列伝が上梓されることとなるでしょう。今は夢物語ですが……。

原と後藤のキャリアの比較

さて本論に戻りましょう。原と後藤のキャリアパスに注目しながら、二人の生涯を

年	原敬	後藤新平
安政3(一八五六)	南部藩上士・原直治の次男に生まれる	
安政4(一八五七)		水戸藩小姓頭・後藤実崇の長男に生まれる
明治1(一八六八)	明治維新	
明治2(一八六九)		胆沢県庁に出仕、安場保和に仕える
明治4(一八七一)	東京に遊学する	
明治7(一八七四)		福島洋学校から須賀川医学校に転じる
明治9(一八七六)	司法省法学校に入学、ボアソナードに学ぶ	愛知県病院三等医。司馬凌海、ローレッツに師事
明治10(一八七七)	西南戦争終結	
明治12(一八七九)	司法省法学校を退学処分となる。報知新聞に入社、新聞記者となる	愛知県病院長代理となる
明治15(一八八二)	大東日報(政府系)に転じ、主筆となる。外務省御用掛となり、官僚の道を歩みはじめる	板垣退助遭難に際し、手当てに当たる
明治16(一八八三)	天津領事となる。中井弘の娘と結婚	内務省御用掛として衛生行政に従事を始める。安場保和の娘と結婚
明治18(一八八五)	外務書記官としてパリ在勤となる	
明治22(一八八九)	大日本帝国憲法発布	
明治23(一八九〇)	井上馨に見出され、農商務省参事官となる	衆議院議員立候補の勧誘を断り、ドイツ留学
明治25(一八九二)		内務省衛生局長に昇進
明治26(一八九三)	陸奥宗光の抜擢により外務省通称局長となる	収監され、非職(相馬事件。翌年無罪確定)

年譜　原敬と後藤新平

比較してみましょう（年譜参照）。一歳違いの二人の履歴は、教育制度揺籃期の明治前期にあっては、試行錯誤のくり返しです。原は司法省法学校、新聞記者を経て、一八八二年から官途（外務省）につきます。他方後藤は須賀川医学校、医師を経て、一八八三年から官途（内務省）につく。そして原は中井弘、後藤は安場保和、ともに地方官（府県知事令）の娘と結婚しています。やがて一八九二年、原は外務省通商局長、後藤は内務省衛生局長へと昇進します。

さらに原は外務次官、大阪毎日新聞社長を経て、一九〇〇年の立憲政友会創立に参加。以後はひたすら政友会という組織を政治資源として、内務大臣を歴任しながら党勢拡張を図り、伊藤博文、西園寺公望に次ぐ第三代政友会総裁に就任し、一九一八年内閣総理大臣となります。しかし三年後、暗殺されます。その政治的生涯は、ムダ、ムリ、余裕、遊びを感じさせません。もちろん政党組織としての政友会を駆使したリーダーシップには卓越せるものがありました。

これに対する後藤は、相馬事件にまきこまれ一時収監、非職の憂き目にあいます。復職後一八九八年、児玉源太郎総督の下で台湾総督府民政長官、次いで満鉄総裁を歴任。桂太郎、寺内正毅と続く長州の政治家をパトロンとしつつ、逓信大臣兼鉄道院総裁、

原敬	年	後藤新平
日清戦争勃発	明治27(一八九四)	
陸奥外相の下、外務次官に昇進	明治28(一八九五)	陸軍検疫部事務官長、復員兵の検疫に活躍。内務省衛生局長に復す
陸奥の逝去にともない官を辞す。大阪毎日新聞社に入る	明治30(一八九七)	
同社社長となる	明治31(一八九八)	初代台湾総督府民政長官(児玉源太郎総督)。台湾でインフラ整備を行い、治績をあげる
立憲政友会創立に参加、同党幹事長。逓信大臣となる(第四次伊藤内閣)	明治33(一九〇〇)	
衆議院議員選挙に当選(以後、連続当選)	明治35(一九〇二)	欧米を漫遊する
	明治36(一九〇三)	貴族院議員に勅撰される
日露戦争勃発	明治37(一九〇四)	
内務大臣となる(第一次西園寺内閣)	明治39(一九〇六)	初代満鉄総裁に就任する
内閣総辞職後、欧米漫遊。浅と再婚。	明治41(一九〇八)	ロシア訪問。逓信大臣・初代鉄道院総裁(第二次桂内閣)
内務大臣となる(第二次西園寺内閣)	明治44(一九一一)	
	大正1(一九一二)	再び逓信大臣・鉄道院総裁に(第三次桂内閣)
第一次護憲運動	大正2(一九一三)	
三度、内務大臣となる(第一次山本内閣)		第三次桂内閣総辞職。桂新党の結成に参加するも、まもなく離党

内務大臣、外務大臣を務めながら、国家プロジェクト型の政治を確立します。東京市長、関東大震災直後の内務大臣兼帝都復興院総裁も、その系列に属します。しかしいったんは桂新党に参加するも、その後政党政治とは絶縁し敵対します。このことが、パトロンなきあとの後藤のプロジェクト型政治のリーダーシップを危いものとしています。政党組織を持った原と比較した場合、この差は決定的です。しかし後藤の調査・アイディア・人材・科学技術を重視したやり方は、「大風呂敷」と揶揄されたものの、政治を長期的視野からとらえ直すためのきっかけにはなっています。

そこで次に原と後藤の政治の特色について、各々に則して述べていきましょう。

原敬と政党政治

原については、政友会の創設から見ていくことにしましょう。一九〇〇（明治三十三）年の政友会の創設以降、改進党―憲政本党は民党的主張と決別できなかったため、後退の一途をたどりました。また政友会においても西園寺総裁の下で実質的に支配を確立したのは、松田正久、いやそれを上回る存在としての原敬にほかなりませんでした。原は、陸奥宗光そして星亨と続く自由党の系譜の中に自らを位置づけていまし

原敬		後藤新平
第三代立憲政友会総裁となる	大正3(一九一四)	
	大正5(一九一六)	内務大臣となる(寺内内閣)
寺内内閣総辞職を受けて組閣、平民初の内閣総理大臣となる(原敬内閣)	大正7(一九一八)	外務大臣に転ずる(寺内内閣)。シベリア出兵を決定。米騒動起こる
ヴェルサイユ講和条約調印	大正8(一九一九)	拓殖大学長に就任、欧米視察
国際連盟に加入	大正9(一九二〇)	大調査機関設置を主張。軽井沢夏季大学を開講。東京市長に就任
海軍大臣(事務管理)を兼任する。十一月、東京駅で暗殺される(享年六十六)	大正10(一九二一)	
	大正11(一九二二)	少年団日本連盟総裁となる
	大正12(一九二三)	日ソ国交樹立に向けてヨッフェと会談。第二次山本内閣の内務大臣となる。関東大震災を受け、帝都復興院総裁を兼務
第二次護憲運動	大正13(一九二四)	政治倫理化運動を開始。東京放送局総裁となる
	昭和2(一九二七)	三度、ロシアを訪問
	昭和4(一九二九)	四月、死去(享年七十三)
「原敬日記」公開される	昭和25(一九五〇)	

た。原は政党を単なる反政府勢力と位置づけることから、国家利益を考え積極的に統治を担う組織へと転換すべく、すべての精力を集中していきます。

彼は党外リーダーシップの確立のためにも党内リーダーシップの確立を目指した。そのため党に政治資金を集中すると同時に、ポストを提供し地方利益を培養することを促進しました。実は、日露戦時増税の恒久化により、有権者数は初期議会時の四十五万人から百五十九万人へと三倍に増えていました。有権者増の中での総選挙となれば、党員の自立性は低下し、党のリーダーシップはまちがいなく強化される。

他方で原は、官僚出身者や財界人の入党を促進し、党の統治能力を高め、他のアクターの信頼を勝ち得ようとはかりました。三谷太一郎によれば、原は西園寺内閣の内務大臣として、「老朽淘汰」「新進抜擢」によって人事刷新をくり返し、内務省内に親政友会派、さらには積極的入党者を増やしていきます。山県閥のように地縁血縁による人材の統合をなし得ない以上、原による組織人事への介入は、人材獲得のための不可避の手段であったのです。

人材とともに原が取り組んだのは、星亨以来の地方利益培養政策の精緻化でした。一言にして、それはインフラストラクチュア（鉄道・道路・河川・港湾）の整備を地方的視点から体系的におこなうものにほかなりません。再び三谷太一郎によれば、それはこの時期の鉄道政策に如実に現れます。日露戦後の鉄道政策は大別して二つに分かれます。第一は国家主義的幹線強化（広軌化）であり、これは桂内閣鉄道院総裁の後藤新平に代表されます。これに対して第二は地方主義的路線拡大（狭軌化）であり、これこそが原によって推進されました。「我田引鉄」と称された所以です。かくて地方のインフラストラクチュアの整備は、政友会の党としての権能を高めていきます。

「情意投合」、大正政変、シーメンス事件、シベリア出兵、米騒動を経て、原敬は満を持して寺内内閣の後継者となる。かくて、一九一八（大正七）年九月に成立した原敬内閣は、日本初の本格的政党内閣と称される。確かに原内閣の成立によって、日露戦後長く続いた桂園《けいえん》体制および擬似桂園体制に最終的に終止符が打たれ、近代日本の統治をめぐる構造が一新されたことはまちがいありません。それはまた周到な原敬の政党化戦略の成果でもありました。

そもそも原は衆議院議員であり爵位を有しません。そして衆議院に多数を占める政友会総裁でした。これまでの政党総裁で首相となった者はいずれも爵位を持っていましたので、この点は決定的に異なります。原が「平民宰相」と呼ばれた所以です。また原は組閣に当たって、政友会の党員もしくは親政友会系の実力者を選抜し、政党内閣としての一体性を重視しました。

　では原の政党化戦略とはいかなるものであったか。第一は衆議院における政友会の絶対多数化であり、山県らの三党鼎立論を事実において退けました。第二に貴族院の多数派たる研究会を親政友会化し、いわば貴衆両院を横断する形での政友会の支配を確立します。その証として研究会から大木遠吉が原内閣法相として入閣します。第三に陸海軍の親政友会化が進められます。先に山県閥の桂太郎は政友会への対抗政党（立憲同志会）をつくりますが、桂の衣鉢を継いだ田中義一は原内閣陸相を務めた後、政友会に入党します。他方、海軍の加藤友三郎海相は原とともにワシントン軍縮に協力し、ワシントン会議出席中の海相事務管理を文官である原首相自らが務める事実を残しました。

　所変わって行政官庁はどうか。原内閣の内相床次竹《とこなみたけ》二郎《じろう》は政友会入りしていましたし、司法官僚の平沼騏一郎は好意的中立を保ち、鈴木喜三郎はやがて政友会入りします。さらに原は枢密院や宮中をなるべく非政治化させ、それがかなわずとも中立化の方向へ転換させます。周知のように田中、鈴木はいずれも政友会総裁に、床次は政友本党総裁に就任することになります。このように原は、異質な人材を次から次へと政友会にスカウトしていきました。人ぐるみ、組織ぐるみの政友会化こそが、原の戦略だったからです。

また原は植民地総督、貴族院勅選議員、枢密顧問官、さらには位階勲等、爵位など国家のあらゆる権力と権威の配分に関して、これまでの登用ルートとは異なり、衆議院議員、財界人、学者などを積極的に起用しました。すなわち首相の人事権をフルに活用し、人材のリクルートの幅を広げていったのです。

原内閣の政策は四大政綱と称されました。第一は中高等教育の振興、第二は産業振興、第三は交通・通信機関の整備、第四は国防の充実でした。これらは原の先達にあたる星亨以来の伝統的な積極政策を体系化した点に特色があります。そしてインフラストラクチュアの整備は、地方利益の培養と結びつき、ひいては政友会の地盤強化をもたらします。権力と権威の配分の多様化も、政友会系人材の抜擢に容易につながることとなります。

こうして強力なリーダーシップの発揮をもくろんだ原ですが、その評判は、世間的には決して芳ばしいものではなりませんでした。かつての星亨がそうであったように、ここでも政党は腐敗やスキャンダルの象徴として、ダーティなイメージでとらえられていた。原は新聞記者と書生論を闘わすことを好んでいましたが、世上の評判に対しては、出る釘の頭を叩いてばかりいると日本に優れた政治家はいなくなると警告しました。原によれば大久保利通、山県有朋のような強力なリーダーシップを持った政治家が出なくなると日本はもたなくなる恐れがあったのです。

その原自身は一九二一（大正十）年、星と同じくテロに倒れます。平民宰相は変じて、現職のまま暗殺された最初の首相となりました。原の死と踵を接して山県も亡くなったため、大正の統治システムは、政党・藩閥の両雄を一挙に失い、混迷をきわめることになります。そもそも原は自ら政党内閣を率いたものの、野党憲政会を次の政権担当とは考えず、したがって二大政党による政権交代という統治システムの構築を考えていたわけではありません。むしろ原は自らの後継には親政友会的な中間内閣を考え、それと政友会内閣との相互交代制を視野に収めていました。だからこそ普通選挙にも慎重であり、加えて、政友二百七十八対憲政百十という議席差に見る現実が政権交代を困難にしていました。かつて桂が考えたように、一つの大きな政党の与党化を恒常的に統治システムに構造化することが原のねらいだったからにほかなりません。

後藤新平とプロジェクト政治

今度は後藤新平の政治を論じます。ここでは後藤が日本最初の植民地経営に携わることから始めねばなりません。一八九八年以来、八年の長きに渡って彼が台湾民政長官を務めたことの意味はどこにあるのでしょう。そもそも長州の児玉源太郎は何故衛生局長の後藤新平を抜擢したのか。軍人でも地方官でも外交官でもない後藤のどこに目をつけたのか。これこそまさに人材登用の妙であり、児玉にも確たる証があったとは思えません。しかしパトロンとの出会いはそのようなものです。かくてパトロンに見出された後藤は自らの抜擢に見合う形で、これ以降異色の人材登用を進めていきます。

では後藤による台湾統治の特色は何であったか。第一は阿片《あへん》漸禁策です。すなわち阿片の収入源的側面に理解を示しながら、ゆるやかに禁止していく方策をとるのです。第二は土匪《どひ》対策です。ここでも即時武力発動ではなく、援助や話し合いなど平和的施策をおこないながら、武力をできる限り抑える方針をとります。つまりいずれの場合も、後藤は短期的に効率があがるハードな施策よりは、長期的なパースペクティブの中で、ソフトな施策を提供していく発想を持っているのです。

その意味で後藤は広く文明の利益という視座を持っていました。だからこそ調査を重視するのです。それは科学的な「衛生」の原理から出発して、未知なものに対してしっかりとした調査の上に政策を展開するということにほかなりません。そして調査を土台にして開発――鉄道・下水道など――を進めていきます。いわば台湾全体を一つの都市に見立てて、「都市計画」的発想ですべてに対処するわけです。ここで後藤は短期で更迭されることなく充分な年月（八年余）を与えられたために、徹底して台湾経営に打ちこむことができた。長期登用こそ、人材の能力発揮となるという好例です。

台湾の後は日露戦後の満州経営です。ここでは鉄道事業を中心にいかに満州全体をプロジェクト型で運営するかが要点でした。案に反して後藤の満鉄総裁在任期間は、わずか一年余（一九〇六－〇八年）と短いのですが、ここでも後藤はそのポストを自由自在に使いこなしています。副総裁の中村是公をはじめ若い人材を抜擢したからです。後藤による人材登用の要諦は、直接知っているか否かを度外視して、このポストにしてこの人と後藤が見こめばスカウトしてくる点にありました。

だからそれは、藩閥による地縁にもとづく人材登用、原敬による政友会という組織拡大のための人材登用とは明らかに異なっていました。いわゆるコネクション人事ではなく、あくまでもプロジェクト本位の人材登用を貫いたのです。また、それ故にこそ満鉄調査部に連なる調査のための人材起用、さらには旅順工大から始まる学校創設による長期的人材育成へと発展していくのです。

ところで植民地から戻った後藤は、桂内閣の下で、鉄道事業、発電事業、逓信関連事業などプロジェクト型政治に取り組むと同時に、ロシアとの関係改善に力を尽くします。これは原敬が対米協調路線をとったこととは対照的です。

もっとも大正後半の原敬内閣下における東京市長、第二次山本内閣下における内務大臣兼帝都復興院総裁としての彼の「東京プロジェクト」は、アイディアと構想は雄大で魅力的であったものの、いずれも未完のプロジェクトと評価され、かつての植民地経営のようにはうまくいきませんでした。果たしてそれはどうしてなのか。

端的に言えば、後藤はついに政党と相いれなかったからでした。第一に後藤は原のように政党によって国民の支持を調達するという考え方に、関心がありませんでした。むしろ後藤自身がメディアとなって、国民を教化し啓蒙したいという気持ちが強かった。だからこそ晩年は、ボーイスカウト総裁、日本放送協会総裁、それに政治の倫理化運動の中心人物になったのです。そこで繰り広げたラジオ放送を自らおこない、レコードを吹きこむといった活動は、国民教化と人材育成のため以外の何ものでもありえません。

第二に、後藤のプロジェクトは、長州の有力者という個人的パトロンを必要としたにもかかわらず、政党はついに彼のプロジェクトのパトロンたり得ませんでした。道路・河川・鉄道・都市計画といった開発計画には、必ずや地域における利害対立が生じます。そこには賛成・反対入り乱れての人間模様が色鮮やかに展開されることになる。ここでの出番は、まさに原敬率いる政友会にほかなりません。すなわちミクロな視点での利害対立を予算の中に体系的に消化させていく。それこそ、まさに地方利益の培養という原敬の政党拡大の戦略そのものです。

後藤にはそういう発想がありません。ミクロな地方利益に対しては、マクロな文明利益を対置していく。しかしこの文明利益は、原敬指導下の政党政治の枠組には入らないのです。

そもそも大正期の政治は、議会制と政党政治の枠組を前提にして、国家そのものが制度化され組織化されていく潮流の只中にありました。後藤はそういうものに対して本能的な対抗意識があります。だからこその「政治の倫理化」なのです。彼の本音は、組織化されたものや制度化されたものは、もはやその時点で限界を示すという否定的評価にある。既成のものに寄りそうのではなく、制度や組織は公や文明の精神に則った新規の国家プロジェクトに見合うように変えていくべきだという、かなりラディカルな発想が後藤にはあったと言わねばなりません。

だから後藤は、肩書きや地位が本来保証している制度としての力以上の力を発揮したのです。後藤という人間の器は、およそ地位に自らを合わせ、上位の権力にすり寄り、大衆に媚を売るといった型に当てはまらなかった。むしろ用意された肩書きは何であれ、パトロンの全面的信頼の下に、自らの力でプロジェクト型政治を運営していく器量を有していたのです。

原敬が「地位は人をつくる」タイプで、政友会総裁から首相へと政治家として化けていったとすれば、後藤新平は「器量が地位をつくる」タイプで、数多くの国家プロジェクトに携わり自らが存在する政治的〝場〟を広げていったということになるでしょう。

信夫清三郎と北岡伸一の後藤評価

後藤新平の伝記がある種アカデミックな意味で評価をされることはこれまで、二回ありました。その一回は、戦前、信夫清三郎という学者が書きました『後藤新平──科学的政治家の生涯』（博文館、一九四一）。それから戦後においては、国連の次席大使を務めた北岡伸一が書きました『後藤新平──外交とヴィジョン』（中公新書、一九八八）。この二つです。

信夫清三郎の場合は、一九四一年、ちょうど戦争が始まってすぐ、きわめて言論統制の激しい中で、後藤の本領というものは科学的政治家として調査をやったことであると指摘し、それを中心に描きます。もちろん後藤の植民地経営には限界があったことを信夫は説きます。

北岡伸一の『後藤新平──外交とヴィジョン』は、一九八八年、直後に冷戦が崩壊し、同時に一九九〇年代のいわば新しい国際関係が築き上げられていきます。後藤の持っていた、いわゆる親英米路線でもなくアジア主義でもなく、単独発展でもない、日本と中国とロシアの提携論が持つユニークさを北岡はここで評価しています。

政党運営型の原敬とプロジェクト型の後藤

後藤は、台湾の経営、それから満鉄の総裁、日本に戻ると、今度は日本の鉄道形成というプロジェクト型の政治をやっていく。ひと言でいえば、それは現地の旧慣、古い慣習を尊重しながら少しずつ変えていく手法でした。物事を一挙に行わないことについて、曖昧である、妥協的であると言われながら、彼の植民地経営の手腕は非常に買われていきます。後藤は植民地における経済発展を予定していた。しかし、日本本土がそこに多くの投資を行わないがために、後藤自身は切歯扼腕の思いをしたこともまた事実であったわけですが。

日本では逓信大臣をやり、その後、内務大臣や外務大臣をやることになりますが、問題はその際の後藤の政治的資源は何であったかということです。

一方、原は二十世紀に誕生した政友会という政党の創設に参画をし、政党の組織をいかに運営していくか力を注ぎます。政治家というわけのわからない人種の中に身を沈めて、いわば内側から組織を動かしていく。政党の操縦術をしっかりと身につけながら、その政党という組織を足場に、原は政権獲得の戦略をとっていくのです。

パトロンと後藤のプロジェクト

後藤の場合は、常にパトロンを必要とした点が特色です。このパトロンも非常にはっきりしていて、まず台湾経営に当たっては先に述べたように児玉源太郎がいました。日本に戻ってくるとそこに桂太郎がいました。この二人の後にやがて寺内正毅という存在が出てきます。いずれも長州の山縣有朋の後継であり、しかし彼らは、いずれも山縣より短命であった点に特色があります。しかしながら彼らに引き立てられることによって、つまり彼らの力を借りることによって、後藤は原がやったような組織内の苦労とか組織をつくっていく苦労とかを一切せずにプロジェクトに専念できました。だからシフトを引くことができ、そこに若い人材をどんどん抜擢してきて仕事をさせる。原が政党の中でひたすらやったのは、コネクションづくりとそのコネクションによる起用です。一方、後藤はある種の実績主義をもとに、人をある地位につけて、その地位で鍛えるというやり方をしました。後藤系官僚と原系官僚は、そういう意味では非常に異なった人たちに育っていくわけです。

とにかく後藤は組織の苦労を知らない。パトロンを失ったときに、彼自身がその政治的資源を大きく損なうことになったことは事実です。児玉、桂、寺内といったパトロンは彼より年上ですが、彼より早く亡くなってしまい、後藤は放り出される運命をたどるわけです。後藤はのちに東京市長として、あるいは帝都復興院の総裁として、東京の都市計画をやろうとします。そのときに彼は若い人たちにいろいろな仕事をさせるんですけれども、彼の仕事を支えてくれるパトロンを持たなかったがために、最終的にはある種の挫折を余儀なくされるわけです。

後藤の「新旧大陸対峙論」

外交面をみてみましょう。原は日本はアメリカ化が必然であると認識した上で、明確な親英米派の外交をとります。一方、後藤が外交面でとろうとしたのは、とりわけロシアと親交を結び中国とも提携し、アメリカをむしろその基本的な立場では押さえていく。ルーズベルトが非常に好きであったということに象徴されるようにアメリカもよく見てくるわけですが、いわばアジアを重視しながらアメリカを押さえて、そしてヨーロッパとも提携していくというものです。これが「新旧大陸対峙論」と言われる外交です。かなり複雑な、複層的な外交認識を持っていて、それを何とか実現しようとするのですが、なかなかその場所を得るにいたらない。

彼は外務大臣を一年も満たない期間しかやっていないのですが、その後、ヨッフェを呼んだことで有名ですが、彼は日露協会の長になります。後藤新平個人としてロシア、そしてソビエトとの外交を深めていく。もちろん、そこに行くまでの間にシベリア出兵という、これは戦略としては結果的に大失敗に終わったことも実行します。しかし、それを乗り越えてロシアとの提携もまた考えていくという、ある種の割り切りも彼は持っている。そんな感じがいたします。

以上、説明しましたように、原と後藤は非常に対照的です。『原敬日記』を読むと、原がいかに政友会という組織の中で、政治家というわけのわからないものに振り回されながら、やがてそれを圧倒していくプロセスが見えてきます。同時に後藤新平がいかに政治的に未熟であって、原から見るとほとんど笑止に耐えないような行動をしていることがわかる。あれでは絶対政権がとれないという、そういういわば原の後藤に対する嘲笑といいますか、あれは大した人物ではないと、とても政権をとれるような男ではないという記述がたくさん出てくるのが非常に印象的です。

しかし後藤は全然それに屈しなかった。彼がやろうとしたのは、政党政治を確立するとか、何か安定した政治形態を実現するとかではなく、むしろそれを乗り越えて彼がやりたいことが都市計画をはじめたくさんあったわけです。それをとにかく実現していくということでした。地方利益を実現することによって地方の地盤を固めていくのが原のやり方ならば、後藤は文装的武備論という彼の国家戦略に見られますように、むしろ一種文明の利益というものを体現していく。地方利益ではなくて文明の利益を体現していくことによって、日本の国家、あるいは日本の国民を指導していこうとしたのだろうと思います。

人材の育成と政党を越えた組織の想定

後藤の最晩年は、政治の倫理化運動に費やされます。彼が最後に政治に求めようとしたのは、彼が実現したかったさまざまなプロジェクトの世界における後継者、つまり人材の育成であったと私は思います。人材をどうやって育てていったらいいか。それは彼がボーイスカウトの総裁になったことにも象徴されますが、青少年、若い人に期待して、若い人をどうやって育てていったらいいかを後藤なりに非常に考えていく。彼の人生は、最後にそこに向いました。

二十一世紀の今日、日本にとってできるものは何かというときに、やはり人材の育成ではないかと、いたるところで言われています。教育の世界ばかりでなく、人というのがやはり資源であって、人という資源をどうやってつくり出していくのかは、二十一世紀の大きな課題です。後藤新平を振り返るのに当たって、いくつか視点があると思いますが、こうしたものも忘れてはいけないポイントだろうと思います。

今日政党政治は一つの行き詰まりを見せている。二十世紀の歴史は、政党政治の歴史でした。二大政党が必ずしもいいかどうかは別として、政党政治が国家政治の中心になっていくことが、一つの成熟した社会の、あるいは成熟した国家のあり方であるということを、実は無前提に受け入れてきました。

二十世紀の前半の歴史を見直すときに、それに対抗するもの、あるいはそれを遮るものについては、反動の烙印を押し、やはり藩閥政治はいけないんだよねとか、政党政治を本当に理解しなかった人は限界があったんだよね、という言い方をしてきました。後藤新平もそう言われた一人です。後藤が政党を持っていたらとよく言います。後藤は政党を持つ直前まで行きました。桂新党といって、桂太郎と一緒に政党を起こそうとしたのです。しかし、そこで彼は政党と袂を分かつことになります。

『時代の先覚者・後藤新平』（藤原書店、二〇〇四）の中で千葉功さんが論文「政治史のなかの後藤新平」を書かれています。あるいは最近若い人の論文を読んでみても、後藤がかなり主体的にある時期、政党を考えていて、その後藤の考える政党というものは、実は衆議院にとどまらず、貴族院とか枢密顧問とかもっといろいろな人たちを包含していることがわかります。立憲統一党という名前だったのが象徴的です。しかも二大政党で政党を交代するのではない、政党内閣ではなくて、むしろ政策本位で政党はまとまっていくんだということを割とまともに考えていました。

後藤はその後いろいろなことを仕掛けたりするものですから、「いや、後藤が言っていたのは表面だけのことであって、実際あれは陰謀家であったんだ」という説もあります。しかしどうもそうではない。最近の見方で言うと、後藤は真剣に考えていた、しかしどうもそれがうまくいかない。現実にやってみたら、なかなか現実の勢力は、後藤がうまく操縦できるほどやわな連中ではなかった。これは原だったらやれたでしょう。後藤は外からやってきて操縦しようとしたのでなかなかうまくいかなかった。そのうち齟齬をきたし、双方にらみ合いになるという形で、後藤は政党の育成を断念するわけです。

政策を中心にして考え、政党を越えたものを想定しながら、政党という組織を運営して、なおかつ政治をやっていくことに後藤が一つの未来を期待していたとするならば、そういう形のいわば政治のあり方をもう少し検討していけば、これは二十一世紀、今我々が行き詰まってきているこの政党政治を一つ乗り越える、あるいは乗り越えることができなくても考える主題にはなるかもしれません。

政党政治でもう一つ言うならば、選挙区の問題等々を含めて、どういう運動体をつくっていったらいいかという問題があります。後藤は晩年、後に雲散霧消してしまいますが政治倫理化運動を起こします。選挙を革新し、政治を革新していくときに何をキーにしたらいいかというのは、おそらく政党と別の組織立てがあると考えていたのかもしれません。

最後に一点だけ繰り返します。後藤にとって一番必要なのは、先ほど言ったパトロンでした。今日政治にパトロンが必要だなんて言うと、これは一顧だにされないかもしれませんが、そうではない。長期的な視野に立って大きな政治を実現するためには案外このパトロンをある程度想定しないとやっていけない。二十一世紀の現在、パトロンがどういう形で出てくるかわかりません。しかし短期的に政権交代し、くるくる変わっていくのではとても実現できないような長期的な文明の利益を、ではどうやって実現していったらいいのか。今は結論が出ませんが、大きな課題です。

第五章

二・二六事件

天皇とテロリズムを描き出す清張流

なぜ清張は二・二六に着目したのか

二・二六事件は、日本の近代史における一つのスポットですが、当然いろいろな意味合いがあるように言われてきました。あの戦争との関連で言うなら、二・二六が戦争への大きな曲がり角であったという指摘があるわけです。これは本章の議論の大きなテーマにしたいと思っていますが、二・二六に関しては単純に戦争への道筋をつけたということに限らず、やはり明治以来の近代国家日本が抱えていた、ある種の宿痾《しゅくあ》が全部出た事件だったと言えます。

松本清張に『昭和史発掘』（文藝春秋、一九六五－七二）という本があります。清張が昭和史に興味を持って資料を集め、執筆しはじめたのは昭和四十年ぐらい、一九六五年前後ですから、私が中学生のころです。まだ昭和史などというものが学問的にきちんととり上げられていないときに、推理小説家である松本清張が「昭和史を推理する」ということで週刊文春に連載をし、それをまとめたものです。

この本で松本清張が何に着目をしたかということが、今の時点からみると実におもしろい。文庫版は全九巻本ですが、五巻から後、つまり半分以上が二・二六に充てられているのです。『昭和史発掘』といっても、彼が集中的に考えたのは二・二六なのです。ではその二・二六以前の時代について、彼が何をとり上げているかといえば、これもまた楽しいテーマが目白押しで、スタートは田中義一の陸軍の機密費横領問題、それから朴烈の大逆事件や芥川龍之介の死を扱って、それから発展して、三・一五の共産党検挙、満州某重大事件（張作霖爆殺事件）、天理研究会事件と続き、そこから「桜会」といわれる陸軍の一つのグループの動き、五・一五事件、さらにはスパイ〝M〟の謀略――共産党の中に入り込んでいたスパイの話です――を経て、京大の滝川事件、天皇機関説、そして陸軍士官学校事件と来て、二・二六事件に入っていくわけです。つまり『昭和史発掘』は、今申し上げたものを二・二六の前史としてとり上げて、最終的に二・二六で終わっている。しかも二・二六の記載が、今言ったように半分以上を占めるといった構成になっています。

松本清張が『昭和史発掘』を書いてからもう四十年以上の月日が経っているわけですが、実はその後は、この『昭和史発掘』は清張流歴史講談とされてしまい、アカデミズムの中ではほとんど顧みられませんでした。虚実よくわからんものを小説家として書いたとされ、評価が定まっていない。ただ、今の時点で見てみると、実証的かどうかはとりあえずおいても、やはり取り上げたものへの感覚はすごいなと思います。昭和史はもう戦後史にいたるまで随分研究が進んで、ある意味ではフラットに進みすぎて面白みが欠けてしまっている。そこで清張のような感覚、つまり二・二六は近代の日本の国家がもつある種の宿痾として出てきているという感覚は、もう一度注目すべきだろうという気がします。

明治国家の裏と表

清張が特に取り上げているのは、司法、軍、それから特高がかかわった警察です。日本の近代国家の中でも、よくわからないが、何らかの組織原理に基づいて動いているもの、国家の中のちょっと異質な組織に焦点を当てて、ときほぐそうと努力していることに意味があります。

はっきりとは書いていませんが、清張はそうしたもろもろの事件がどこかで宮中、天皇とつながっていることを意識していました。はしなくもこの時期に、いわば統治のオーソドキシーであった天皇機関説の裏側、そこには天皇親政みたいなものも入ってくるわけですが、それはそういう明治国家の裏側の暗い闇の部分であり、そうであるからこそ日本の近代国家をつくり上げていたもう一つの構造を彼は明らかにしようとしたのです。二・二六というのは、その表の構造と裏の構造が初めてはっきりとぶつかったものである、と。

この事件については、その後いろいろな解釈がされます。例えば三島由紀夫は、やはりあそこで天皇が裏切ったという話を組み立てて、そして彼の戦後の小説『憂国』（一九六一）にいたる話をつくっていく。最近は少なくなりましたが、今でも二・二六に関しては反乱軍の人たちの新しい史料が見つかればニュースになる。一九九〇年代の初めぐらいまでは、毎年二・二六の時期には新しい史料が発掘されていた。それぐらい注目をされていました。

物理的暴力への恐怖

一方に、フラットに歴史年表的に見ていったときに、当時の人たちがどうこれを受けとっていたのでしょうか。『木戸幸一日記』や『西園寺公と政局』という統治の側の人たちの日記を見れば、二・二六事件がかなり衝撃的であったことがわかります。現実に武力による政府討伐というものが行われるんだと実感しています。五・一五のときも多少それは感じたけれども、二・二六は白昼東京のある部分が完全に占拠された状態が一週間とはいえ続くわけです。その物理的暴力に対する恐怖とそれがもたらした影響力の大きさを、当時の統治に当たる人たちは感じたわけです。

よく言われるように、その後の広田内閣の組閣、あるいはそれ以後の林銑十郎内閣以降の組閣にあたっても、陸軍が比類なき影響力を与えるようになります。つまりこの二・二六で軍が政権をとったわけではないけれども、軍の意向を無視してはもはや政権ができなくなったという意味では、軍部が明らかに政治的に成長したと言える。これがフラットに見ていったときの、統治の側の論理です。

では一般の庶民というか、政治の中心から離れて見ていた人たちはどうだったか。『馬場恒吾の面目』（中央公論社、一九九七）という本で馬場の政治評論を分析したり、この時期のいろいろな史料を読んだ感じからすれば、実はほとんどそれ以前と変わったことはありません。先ほど東京の中枢が一週間占拠されたと言いましたが、庶民からすると一週間の占拠で済んでしまったわけです。一週間程度の占拠で、しかも天皇に戻ってこいと言われると、素直に兵隊さんはみんな戻った。したがってそれ以後の日常性への回帰は意外と早かった。

もちろん上の方ではいろいろなことがあったでしょうが、下の方では特にこれから軍の世の中になるんだとかという話では全然なくて、むしろ二・二六事件が起きた一九三六年から一九三七年、つまり日中戦争、盧溝橋事件が起こるまでの間は、奇妙な安定の時代であったわけです。右に行くか左に行くか、まだわからないけれども、次の一発が何も出ないという中で推移していく。大陸との関係で言ってもこの時期は一時休戦で、満州における問題がそんなに大きくなっているわけでもない。ある種の不思議な均衡状態が昭和十一年、十二年と続く。

そういう点で言うと、二・二六が起きたからすぐに戦争につながったのかというと、これは統治の側の恐怖心を拡大して考え過ぎていて、庶民の目線から見ると別にそんなことはありません。ちょっと向こうに行ったかな、ぐらいの話であって、そこに大きな亀裂はないわけです。にもかかわらず、もう一遍反転させて話をしますと、二・二六がこれだけ大きく捉えられてしまうのは、後から明治以来の近代国家を見たときに、やはり二・二六のところで、今お話ししたような裏と表のいろいろな問題が噴出しており、それが投影されていると言えるからなのです。

軍部大臣現役武官制とは何だったのか

極東軍事裁判でやはりはっきりしているのは、二・二六がもとになってできた広田内閣の責任を問うていることです。ほかの理由もありますが、それで広田は絞首刑にされる。最大の問題は、二・二六を受けて軍部大臣現役武官制を復活させたことです。これによって陸軍は内閣を自由に倒せるようになった。つまり軍部は文武大臣をやめさせたり後任を出さなければ、内閣を総辞職させることができたのです。それまでならば予後備役を据えることができて、引退した将軍であれ何であれ軍部大臣に据えられました。しかし現役だとすれば人も限られる。だから現役武官制の復活こそが内閣の死命を決したと言われるわけです。

確かにそのとおりで軍事裁判としてはそういうふうに裁くのは当たり前ですが、時代の恐怖心を大きく見過ぎた話です。逆に言うと、二・二六のときに大量の将軍たちを現役から予後備役にしているわけです。皇道派の将軍はもとより、統制派もかなりの将軍を引退させた。すると軍部大臣現役武官制にしておかないと、この予後備役に追い払った将軍たちがもう一遍出てきて陸軍大臣になる可能性があった。それを防ぐ意味があったという説が、当時もあったし、現在はそちらの説が受け入れられています。

当時の歴史を内在的に見れば、広田弘毅のやったことはむしろ当然であったという感じがします。ただ、現実には予後備役なんか出てくるひまもなく、日中戦争が勃発します。そうするとこんどは逆に現役武官制を、少ない人間のだれが陸軍大臣になるかで使うということになる。限られた数の現役の使いまわしということは、当時考えられていなかったことです。だから、現役武官制の一点だけを捉えて責任を問うのはやはり違う。

私が二・二六をどう見るかといえば、大まかにはそういったことです。

もう一つつけ加えるならば、二・二六の裏側で何かが天皇や皇室とつながっているというのは、一つの陰謀史観になります。何かわけのわからないものがうごめいていて、場面場面での発露がそれぞれの事件になって現れて、それが二・二六になだれこむという話になるわけです。先ほども言ったように、近代国家の中で正当な位置を与えられていない、そうした闇の部分と天皇や皇室が結びついているという話は、これは誰も言いませんが、天皇や皇室の方がかえってこの国で差別をうけてきた人々とか、礫《つぶて》を投げる狩猟民族というものとつながっているという網野善彦さん的な中世の解釈とそんなに違ってはいない解釈でもあります。前近代も近代も、そういう見方をすればまた違う解釈が出てくる可能性がある。だから二・二六は、日本の歴史全体の読みかえを要求するような出来事としてとらえ返すことができるのではないか。それが、私の最初の問題提起です。

天皇機関説という転換点

丸山眞男さんが、戦前史のターニングポイントは天皇機関説事件だと言ったことがあります。これによってがらっと日本の政治社会状況が変わった、と。大正天皇が現実に政治の表舞台に出ないことがはっきりした時点から、天皇が表に出なくても、そこにある組織がきちんと動いていけばやれるという意味で、天皇機関説は成立していた。これを突き崩すことは、だれもできない状態でした。

ところが一九三五年、この突き崩せないと思っていた国家的な一番のよりどころである天皇機関説を唱えた美濃部達吉に対して、これを排撃し、攻撃し、天皇機関説によって政治をやっていると称している人間はみんな不敬罪である、とした。要するに、天皇機関説は天皇の意図に反しているという議論がまかり通るようになった。それはまず議会から始まって、軍部に及ぶ。そして右翼の方は沸き立つという状況になります。三月に政友会、民政党、国民同盟、三派提案として「国体明徴決議案」を満場一致で可決し、「議会の自殺」と言われます。

天皇機関説で言えば、議会もその機関の一部であって、その議会がこれを否定してしまうことは議会制の否定であって、一体どうなるのかという話になる。大日本帝国憲法は最後まで機能しますが、そのイデオロギー的解釈のある部分はここで停止するわけです。議会人たちはそうは思わないまま、議会制と天皇親政はどこかで両立できると思っているのですが、現実はこれで完璧につぶれていく。しかも当時の東京帝大法学部の憲法の教授であった美濃部達吉の、いわば正統的な議論がここで否定されるわけです。

　こうした破壊状況が起きても、内閣は連綿と続くし、すべての物事は続いていく。その中で、まず軍の内部の問題が大きくなって、八月に陸軍省軍務局長であった永田鉄山が局長室で刺殺される事件が起きる。これ以後、二・二六に一歩一歩近づいていくことになるわけです。

　ただ、それでも議会は議会で別途に動いていました。一九三六年一月に岡田内閣は、政友会が不信任案を提出したのを受けて衆議院を解散します。そして二月には衆議院の第十九回総選挙がある。この選挙は、四年前の一九三二年に犬養の政友会が三百議席をとって大勝したとき以来の選挙です。議席数は民政党二百五、政友会百七十一、あと社会大衆党がこのとき初めて十八という議席を持つ。これでもう一度民政党を中心とした内閣ができるかもしれないという可能性が出てきた。その一週間後に、二・二六が起きるのです。

　西園寺としては、こうなったら政党人を次の総理に推すことができないことだけははっきりする。だから二・二六は、ミクロ的に言えば、元に戻ろうとしている選挙の結果を見事に吹き飛ばす効果を持った。これ以後の議会はもはや軍に対して抵抗することは到底できず、軍に抵抗する人は本当にごく少数になっていきます。

昭和天皇という近代主義者

当然、天皇そのものの問題がそこで出てきます。これが宮中における面倒くさい話になるわけです。昭和天皇自身の立場ははっきりしていて、天皇機関説の立場です。事件が起きたときに機関説でいいと言うわけです。機関説以外で天皇の存在なんてあり得ない、と。自分はそれをやってきたのに何でおかしいのか、というのが昭和天皇の素朴な疑問です。宮中はそれを外には伝えないのですが。

二・二六事件が起きたときに、磯部浅一以下の首謀者たちは天皇に絶望して死んでいくわけです。邪悪な側近によって天皇の真意が隠れているので、側近どもを撃ち殺せば天皇の赤心は絶対に自分たちにむかうと思ったのが、とんでもなかった。側近以上に天皇が明治憲法体制にぴったりとはまる天皇であったことは、彼らにとって絶望以外の何物でもなかった。三島由紀夫もそこで昭和天皇に対する問題を持つわけでしょう。

「恋闕《れんけつ》の情」を持った兵隊さんたちが、いざやってみたら「恋闕の情」の相手は、お前たちなんか嫌いだ、自分たちの大事な重臣を殺して、何ということをしてくれた、と。「朕自ら立って成敗せん」と言ったわけです。そこはものすごい錯覚であったわけです。昭和天皇は、そういう点で言うと恐ろしく近代主義だったのです。

それを錯覚させる動きも天皇家にはあり――これからもそうなる可能性がありますが――、弟の高松宮は基本的に海軍ですし、その上の秩父宮は陸軍です。秩父宮や高松宮は、結構軍人をかわいがる。自分たちは絶対に統治のポストに就かないのはわかっている人たちですが。「近う、近う」という具合になりますが、昭和天皇は近代主義者ですから、ああいうやり方はどうかねみたいな話が出たりする。

すると、昭和天皇を亡き者にして秩父宮を天皇にしようという動きは、噂のレベルではこの時期随分出てきます。天皇制のおもしろいところは、昭和天皇がだめなら次を立てる。すると、次はもしかしたら自分たちの味方をしてくれるかもしれないという、楽観論がどこかにひそんでいる。そういう選択の可能性をたくさん見せてくれるところに面白さがあったように思います。

戦略なき反乱

草莽《そうもう》の志士たちというか、昭和維新を掲げた陸軍や海軍の若手将校たちの立場はきわめて受身です。つまり、天皇に全部託して、天皇が何か言ってくれたらそれで動こうという立場です。託した天皇は元よりそういうつもりはなく、秩父宮以下に至っては、いざそういうことが問題になるとみんな逃げてしまいます。すると、牧野伸顕前内大臣などを全部亡き者にすればうまくいくと思っていた、単純な図式が崩れる。そこに北一輝といった民間人も加わって思想的には彼らがいろいろ語ってくれるのですが、それも天皇の一言ですべて吹き飛ぶ。

事件のスタイルそのものは幼稚です。幼稚ですが、逆に言うと、いざ彼らが立ってみれば、わりと易々と中枢が占拠されてしまったという意味で、日本の警備体制は随分甘いというのもよくわかります。それがわかっても、その後の作戦がなかった。いや、もともと作戦なんてないわけです。

戦略性はまったくないので、あとは皇道派の真崎甚三郎以下の人たちに動いてもらう、という話だったわけでしょう。こちらの皇道派の将軍も抽象論や精神論はあれこれ言うけれど、現実の政治や行政は、「檄文」によって動くのではなくて、法律と冷たい散文によって動くわけです。それを理解しないと結局は何もできないということになり、彼らも最終的には降りざるを得ない。しかも、怒るはずのない天皇が怒っているわけですからね。だから昭和天皇というのは、なかなかわかりにくいところがあります。

天皇は芝居ではなくて、本当に怒りました。侍従武官長の本庄繁はクビだというわけです。あれが一番同情的なことを言っていると、すぐにわかりますから。それで、陸軍は信用できないという話になる。昭和天皇の決断はいくつかありますが、二・二六のときは、毅然として全部退治すると言ったことが決定的です。それが与えた亀裂も大きいわけですが。

近代官僚制的な軍部の誕生

統制派はそれを見て、「檄文」や心情では政治は動かないことはわかっています。政治を動かせるのはやはり数字であり、官僚制を動かす力という意味での統率力である、ということを思えば、軍そのものが官僚制に近づいていくのはよくわかります。政治的な将軍は要らない、そしてあまりに熱烈すぎる心情を持っている草莽の志士たちも要らない。ましてや、その後の石原莞爾のように、作戦を巧みに練って、世界戦略を持とうとするやつも要らない。それらを全て抛擲した後に残るのは陸軍官僚制だけです。その陸軍官僚制の最後の親玉が、東條英機ということになる。

東條は二・二六から後の日中戦争で浮かび上がってくる人物ですが、昭和天皇は東條に象徴される官僚意識をすごく好みます。『昭和天皇独白録』を読んだ人が不思議がるのは、どうして東條をこんなに高く評価するのか、ということです。東條は昭和天皇のその気質がわかっているので、彼の前では数字を出して、きちんと官僚制の論理に則って――ある意味で言うと明治国家の論理に則って――近代洋風に明快に説明します。しかも、長々と説明しない。短く説明する。その要領のよさに対して天皇はおおっと思うわけです。軍人でもこれだけ官僚制国家を動かせるやつがいると感心する。そういう点でも、昭和天皇は近代主義であり、東條も近代主義だったということでしょう。二・二六のとき露わになったのは、昭和天皇に対する認識のずれみたいなものだと思います。

今述べたのは、天皇を説得できる論理、つまり天皇周辺のいわば上層部を説得できる論理です。では下はどうであったか。下は下克上になったのですが、なぜそうなったのか。二・二六のときに、結局、幹部は最後はうそをつき、逃げていく「ダラ幹」であるとはっきりしてしまいます。軍の下はどんどん大衆化していくわけです。いわば戦後の大衆民主主義を先どりするように、軍の下は全部、上を動かすべくまっ平らになっていく。軍はピラミッド型の組織だけれども、いったん下が力を持って上を動かすとなると、これは強い。軍だけではなく、ほかの官僚制の中でも、革新官僚が出てきた省庁は全部下が上を動かすようになります。その力は昭和天皇では抑えられない。昭和天皇が抑えられるのは、ピラミッドの上澄みの部分だけです。

その意味では二・二六事件から軍国主義の時代に入ったと言えます。

軍は統一的な意思があるかのように見せます。しかし現実には、寺内寿一——寺内正毅大元帥の息子ですが——のような本当に無能な人間をトップに据えていく。そういう無能な人間が続いたところに、東條が現れたので、昭和天皇はこれはすごくいいと思えたのでしょう。

それまでは皇道派でも統制派でも、軍の論理で軍事の話しかできなかった連中が多かったのが、二・二六のあと軍が再編された後には、他の省庁とも官僚制の言葉で話して、相手を説得できる軍人が出現しました。それゆえ官僚化した軍人はそもそも軍人の名に値しないという非難がその後出てくることになります。官僚と同じような軍人が出たから日本を滅ぼしたという非難ですが、その面はあるにしても、自分たちの要望をきちんと官僚制の言葉に翻訳して、他の世界の人たちともまともに話ができるようになったからこそ、軍があそこまで力を持ち得たということも間違いない。だから革新官僚なんかも軍にくっつくし、政党人の中にも親軍派がふえてくる。サーベルをカチっと言わせて黙らせたというのが定説ですけれども、実はそんな話ではなくて、この二・二六の後、すごい勢いで日本の軍が近代的官僚制になじんでいったのではないでしょうか。

極東裁判では軍を裁くために、軍に決定的な力を与えたのはどこだろうかと探してゆき、やはり現役武官制に行き当たりました。しかも広田内閣の組閣のときには明らかに軍部介入があって、自由主義側の人間を全部排除した。するとそこが起点となる。しかもそのときに、総理大臣である広田が忌避されなかったことで、彼は親軍的だとみなされた。非常にアメリカ的解釈ですが、理屈ではめていくとそういう話になる。だからいわゆる東京裁判史観というのは、かなり理屈っぽく作られている。それが本当であるかどうかは別として。

日独防共協定という転換点

事件前後で大きく変わってくるのは、広田内閣が日独防共協定を結ぶことです。これはドイツを日本の安全保障上の交渉相手に選ぶことです。後からイタリアも入ってくるわけですが、大きな変化です。

日独防共協定が一九三六年十一月ですが、翌十二月に西安事件があって、張学良が蔣介石を一時軟禁し、その後蔣介石は国共合作を言い始めます。中国の側では、国民党と共産党が、日本帝国主義と戦うということではっきり戦線統一し、一時的な内戦状況を元に戻す。そして日本の側は今言ったように、ドイツを新しく安全保障上の交渉相手に入れる。この時期、外交的に言うと二つの大きな変化があって、それがじりじりと大体一年ぐらいかけて進んでいって日中戦争につながっていく。

つまりこの一年の間に、日本はまだ外交上いろいろな手が打てたはずだけれども、結局さほど日米関係を修復するということもなしに、新しい相手を選んで新しい体制に進んでいく。一方、中国の側は統一を果たすということで、日本にとってはあまり有利な状況になっていないわけです。

日英関係と日米関係

アメリカをはじめ連合軍の日本に対する対応はどうだったか。

アメリカは日本に対して単独でいろいろと文句を言いますが、別に日米戦を開くというつもりは毛頭ありません。アメリカの関心は、一貫してヨーロッパです。日本の側が、貿易協定など日常的な関係の積み重ねの上で関係の改善ができると思っていた相手は、むしろイギリスです。イギリスは明らかに中国の利権を持っていますから、利権を持っている国とは経済的な保障をしてやれば必ず平和の構築はできるわけです。したがってこの時期ずっと、日本とイギリスとの関係の改善が続いています。有田八郎は何度か外務大臣になりますが、彼は基本的に日英関係の改善をやろうとします。

日本側にあったのは英米可分論です。英と米は一緒ではない、利益も違う。だからこれを割ってどちらかと取引をし、どちらかとは対立する。日本からすると、この二つを一緒にではなく、引き離してそれぞれと交渉していくことに意味があるというのが、この時期の外交のスタイルです。防共協定に関しても、アメリカは入るつもりはありませんでしたがイギリスは入ることになっていました。

アメリカは、実際的な利益がないだけに理念に傾きます。理念に照らして、日本がやっていることはひどいじゃないかとなる。たとえば中国に何をやっているんだという話になる。またあの時期、英語を話す中国人がかなりいて、中国はすごい勢いでアメリカに啓蒙運動をやっています。すると次第にアメリカは中国に同情的になり、日本はだめだという話になってくる。

もちろんアメリカは日本の親英米派への働きかけをしていました。親米派を応援して、何とか軍部の力を弱めなければいけないというのは、アメリカの一貫した考えでした。ところがそのうちに、日本は助けるに足らん国だと思い始めた。つまりいくら親英米派に頑張らせても、全部最後は軍部に押し切られる。一体日本の政策決定はどうなっているんだ、となる。およそ十年間アメリカはずっと日本を見てきて、最後にこれはもうだめと判断するわけです。日米交渉の最終段階でアメリカが提案した「ハル・ノート」がよく取り上げられますが、「ハル・ノート」に行くまでのプロセスの中で、日本は最終的にどこで決定するのかわからない、最後は軍部に押し切られるところがあるから危ないというのは、ずっと学習してきて認識しているわけです。

すなわち最終決定者はどうも天皇ではなさそうだ、ということです。アメリカは開戦に到ることはわかっていたという説がありますが、もうそんなことははっきりしていて、天皇に止める力があるなんて微塵も思っていなかったでしょう。日本に対する見方は非常に冷徹でした。利害を持っていないからです。貿易関係では、日本は一方的にアメリカから多くのものを輸入していた。実際、後に石油を止められて日本は困るわけです。

事件以後の言論の状況

海外のメディアは、二・二六事件を報道しました。「ついに軍部立つ」という、軍部のクーデターというかたちでの報道です。ただそれは表面的な情報に過ぎないと思います。その後に広田内閣ができたときに軍が介入した話も彼らには伝わって、いよいよ日本では軍が重きを得ているという話になっていく。海外では皇道派も統制派もわからないわけですから。外から見ると、これは日本における圧倒的な軍国主義の確立と見えるわけです。そうではない、ということを向こうに行って英語で解説した人は、ほとんどいません。日本の側にそういう能力がなかったこともあります。

日本国内の言論状況はどうだったか。二・二六以後、機密文書の取締法案などができたので、たちどころに言論の自由がなくなったというような話になります。けれどもそこには落差があって、たしかに国家総動員法以降は完全にそうなりますが、日中戦争が起きるまでの間はかなりの程度、自由な言論がそのまま放置されていました。一方で軍の中では今説明したような変化が起こりつつあるけれども、一般国民を言論統制によってある方向に持っていくという話になっていません。いわば奇妙な明るさと、奇妙な言論の自由の保障の状態が、一年半ほど続くのです。これは本当に不思議です。馬場恒吾の本を読んでいてもそういう感じがしますが、二・二六の後一年間は、そんなにむちゃくちゃなことが起きていません。

だから「議会主義の原点を問う」みたいな主張の本が出てみたりする。軍部がこれだけ力をもって迫ってきている状況で、今こそ議会政治を、あるいはデモクラシーをというのは難しいにしても、少なくとも大日本帝国憲法は話し合いによる議会主義を保障すべきではないか、という内容です。

もっと言えば、このときよく、五箇条の御誓文に帰れ、ということが言われるわけです。これには軍部も文句は言えない。五箇条の御誓文に「広く会議を興し、万機公論に決すべし」と書いてあるじゃないか。あそこで議会主義を保障しているんだから、という議論がまだできた時代です。この時期、そういう点では随分いろいろなことが書けました。

二・二六はあくまで一つのきっかけで、それが日中戦争に走り、その日中戦争も、最初は拡大せずとしていたのが暴支膺懲《ぼうしようちょう》になり、国家総動員法となったときが決定的であったわけです。国家総動員法が成立し、物資がなくなって、どんどん赤紙が来てみんな兵隊にとられるようになるという事態、つまり昭和十三年から十四年（一九三八－三九年）です。国民が皮膚で戦争を感じるようになるのは、そこが大きなターニングポイントです。

国民の間で二・二六の青年将校たちに対する同情論が出てくるのは、恐らく当時の東北の農村の疲弊の問題や、そういうところから兵隊がとられるという話とつながったときに、初めて同情が出てきたのでしょう。そこは戦後左翼がうまく使いました。左翼の歴史観ではそこがつながって、武力反対のはずなのに青年将校の志は潔いとする。右も左も「潔い」と言います。

私はあのときに昭和天皇はえらかったと思います。昭和天皇がぶれなかったのは大きい。天皇がちょっとでも同情を見せたら、事態はたちどころにもっとひどいことになったかもしれない。昭和天皇はやはり役には立っている。重要な曲面でトップがぶれないのはやはり大事なことです。

天皇とは何か

敗戦のとき、国家機能が麻痺して、明治憲法体制は機能していませんでした。最後は、憲法体制を最大限に支えている天皇自身が出なければいけない状況になります。開戦のときは明治憲法体制は基本的に機能していて、しかも天皇機関説に賛成だと言った近代主義者の昭和天皇からしたら、東條以下全員が開戦の詔勅に署名したときに、これはもう受け入れられないとは言えない。それを言ったとしたら、天皇自身、自己矛盾に陥ってしまう。だから、国家が解体している敗戦間近のときは、それでもなお彼が近代主義者であり得るはずがありませんでした。

やはり天皇は必ずしも明治憲法の中にのみ押し込められてはいません。伝統的に天皇が持っている、憲法に規定されない超憲法的な力が実はあるのです。明治憲法はそれを規定していないだけであって、裏にそれがある。ところが日本の研究者たちは、全部それを憲法違反として断罪してきた。でも断罪するべきことでしょうか、そういうものがあるからすばらしいという面もあったわけです。それゆえに敗戦のときに出ていけたのです。

右も左も議会政治を否定した時代

再び言論の話に戻ります。天皇機関説について、当時の言論は二つに分かれていました。

一つは、天皇機関説は確かに当時の統治のオーソドキシーではあったわけですが、かつて久野収さんが言ったように、これはいわゆる密教の部分であって、教育体系の中で国民に教え込むことはなかった。天皇機関説が教え込まれるのは、旧制高等学校以上の、最終的に政策決定に参与するような一部のエリートに対してのみです。彼らには、実際の日本国家はこう動いているんですよと教えながら、それ以下の人たちには天皇と直接つながりうるような幻想を与える。つまり天皇というのは常に大元帥閣下として現れ、また御真影と称される対象であって、それ以上は何も言えないよというのは、顕教の部分です。密教と顕教の部分があって、密教部分については『国家学会雑誌』などではきちんと議論されるけれども、一般に出てくるような言論の場では、もう触れられなくなっていました。

ある時期までは天皇についての議論は、左翼からの攻撃の方が強かった。もちろん天皇制廃止とまでは言いませんが、しかし吉野作造が論じていたような天皇をいただきながらの民本主義などはおかしいのではないか、という議論になっていく。無産主義が入ってきた時点で、日本のマスコミの多くが無産主義を報道するようになります。『改造』も『中央公論』もそちらに行ってしまう。純粋に議会主義を守れとかいうのは古い、と。議会主義擁護などと微温的なことを言っているうちに、いつのまにか今の国家は行き詰ってしまった。シュペングラーが言っているように、もう既に西洋の没落、近代の没落である、だからいつまでも自由主義という時代ではないというのが議論の主流にはなっています。右か左かはわからないけれども、そういう議論が勝ちを占めていくのが一九三〇年代です。

「革新官僚」が出てくるのも、自由主義とか議会主義とか言っていたら、この危機を乗り越えられない、ある程度権力は集中させていかねばならない、という意識からでした。権力を集中させるという議論はどこから出るかというと、一見右のように見えるけれども全部左からです。ソ連を見ろ、あれだけ権力集中をやっているから成功しているではないか、と。権力集中して、五ヵ年計画は成功しているように見えていたのです。一方アメリカでも、ニューディールをやって、大統領に権力を集中させる。一九三〇年代は、いずれにせよ権力集中がいいとされた。そしてそのモデルは、基本的には左の共産主義モデルで、民主集中制をモデルにしながらやっていくという話ですから、そこはまた議論としては反転するわけです。ただし、そんなことは、この二・二六で実際に立った人たちは知りません。

暴力の見失われた時代に

二・二六に象徴される一種のクーデターを起こし得る力を、当時の日本国家は抱え込んでいました。つまり、軍がそれだけ重い存在だった。現在は、その軍はありません。自衛隊はもちろん武器は持っていますが、精神構造的にクーデターを起こせる存在ではなくなっている。だから現在の日本の政治は、クーデターが起きるかもしれない、つまり暴力によって体制変革されるかもしれないという可能性を、ほぼ失っているわけです。そういう中で政治が行われていることの意味をもう少しきちんと考えないといけない。テロすら起きないのですから。

二十世紀前半の日本の政治を見てみると、ポイント、ポイントでテロが起こって、テロリズムによって政治が変わっています。例えば原敬の暗殺がそうです。そういったテロは、戦後には起こっていない。浅沼稲次郎の事件（一九六〇年）がほとんど最後であって、党首級の政治家がテロで殺されることはなくなる。だから逆に言うと、テロリズムの意味もわからなくなっています。クーデターの意味もわからない。つまり、今ある国家の機構、仕組みはずっと永遠にあるだろうし、それを変えるのはなかなかできない、変えるとしたら唯一世論か選挙で変えることになりますが、それもなかなかままならない。そういう状況のなかで政治を考えることの意味を意識する必要があります。

私は別に、テロやクーデターが起こってほしいと言っているわけではありません。でも、思考実験として、テロリズムやクーデターがありうるときの国家の歴史と、そういうものが完全に失われて、もう恐らくほとんど考えてもいない状態での歴史とは違ってくると思います。

逆に言うと、国家からテロやクーデターの可能性がなくなると、最初に紹介した清張が心血を注いで書き綴った『昭和史発掘』のような仕事は、もう恐らく今後出ないのではないか。陰謀論みたいな話はテロやクーデターにつながるからありうるのであって、明治近代国家の裏にそういうものがあるという話すら、これからは非常にわかりにくくなるのではないか。でも、そういう含みを持って戦前の日本の歴史を語ることに、私はやはり意味があると思います。

つけ加えれば、暗殺やテロが日常だった時代は、オンリー・イエスタディです。そこでは政治抗争はすぐに武力抗争になって、相手の命を奪うことが自分にとっての得点源になった。だから明治初年に東京警視庁をつくって警視総監が一番えらかった時代は、密偵を放って、悪いことをしていなくても悪いことをしたことにして人をふん縛ったわけです。むき出しの力と力の対決の時代が、ほんの七十年前にはあったことを自覚すると、現代に対する見方が深くなるのではないかと思います。

そういうことが起こり得るのかとみんなが思ったのは、オウム真理教のサリン事件（一九九五年）のときです。あれは国家とは何かを考えさせる絶好の教材だったと思います。しかし二十年も経つとみんな忘れてしまう。オウムサリン事件についてそういう観点からの研究はほとんどされていません。むしろアメリカの方にそういう研究がある。アメリカは、あれはバイオテロにつながる恐ろしいテロだと思っています。日本はそこは能天気なのです。

◉第六章

一九三〇年代の精神の自由　大佛流と伊東流

大佛次郎と伊東治正のリベラリズム

一九三〇年代の精神史の中で

大佛次郎研究会ができたときにすぐに参加申し込みをしました。ただ、私は村上光彦さんや新保祐司さんのように、ずっと大佛次郎に関心をもって研究してきたわけではなく、折に触れて大佛が書いたものを読んできたにすぎません。しかし大佛の業績を文学というよりは、歴史あるいはより狭くは政治史の中でふりかえれば、どう見えてくるのかを研究し始めた——というと立派なんですが、やってみようかなという段階にきている、というところです。

一方で私がいちばん興味をもっている時代である一九三〇年代、よく暗い谷間と言われて、最近ではそれだけではなかったとも言われるようになったあの時代がもっていた意味を、今あらためて研究したいと考えています。この章では、その中で活動した二人、大佛次郎と伊東治正の仕事を取り上げて、この時代のある側面を考えてみましょう。

大佛次郎の仕事として取り上げるのは、この時期に書かれた「社会講談」です。伊東治正は、明治憲法の制定の過程で伊藤博文を支えた伊東巳代治の孫ですが、その伊東治正が当時出した総合雑誌『自由』、これをもう一つの素材として取り上げます。大佛次郎の「社会講談」と伊東治正の『自由』、この二つを対比させながら、一九三〇年代の精神史をもう一度捉え直したいと思います。

二人の仕事はいずれも、議会政治が没落していくのを目の当たりにしながら、その没落していく議会政治に対してどう補助線を引いて支えたらいいのか。そしてそもそも自由であること、リベラルであることの意味はどこにあるのか。それを絶えず考えていくなかから出てきたものです。二人の仕事をふり返ることで一九三〇年代という時代がもっていた、ある種の豊かさのようなものを証明できるのではないかと考えられます。

大佛次郎を知らない世代

歴史を勉強している者の喜びに、タイム・トラベルのおもしろさがあります。時代をさかのぼり、作家や評論家が書いているものを実際に読んだときに、その時代について内側からわかってくることがあります。この時代は手触りとしてはこんな時代だったのだ、そういう感じがつかめたときが、我々歴史を学ぶ者にとっての至福の瞬間であるわけです。

ところが、最近困難を感じるようになってきたのは、そういう手触りがわかったときに、みんなに伝えたいと思って、論文を書いたり、大学で講義をするわけですが、それがなかなか伝えにくくなってきていることです。

私は一九五一年生まれで、大学紛争が終わったあとに大学に入りました。紛争後の最初の世代です。一九七五年に卒業して研究者になりました。およそ四十年間研究者稼業をやってきている。その中で最初の十五年、つまり私が都立大学で日本政治史という領域で講義や演習をやるようになってから一九八〇年代のある時期までは、学生たちとある感覚を共有することができました。そのころまでは大佛次郎といって、まったくわからないという学生はいませんでした。「ダイブツ・ジロウ」ってだれですか？という学生は何人かいましたけれど、それでも「オサラギ・ジロウ」と読むんだよ、と言えば、ああ、あの人か、と言った。『天皇の世紀』もまだ文庫本で出ていましたから、あの本だよ、と示せたわけです。

　ところが、世代論で区切るのはよくないのかもしれませんが、バブル期以降、そういうことがまったくわからなくなってしまいました。大佛次郎だけではありません。我々が知っている、時代を表象する人物について、その前提になることを百も二百も言わないとわからない学生たちが現れて、それが多数派になっていったわけです。ダイブツ・ジロウどころではなくて、そもそも興味すらない。それでも、ある時期までは「鞍馬天狗の……」といえば、もうアラカン（嵐寛寿郎）は知らなくても鞍馬天狗は知っていて、なんとかわかったんですが、最近はそれすらわからなくなりました。

　維新の頃に「天保の老人」という言い方がありましたが、私も、いつのまにか「昭和の老人」になってしまったのかな、という感じがいたします。感覚を共有できない世代が入ってきていて、そこには大変な断絶があるわけです。

時代を内側から表象するもの

そのときにタイム・トラベルのおもしろさをどう教えたらいいのか。細かい事実を一つひとつ教えることがひとつあります。我々の場合は、すでにイデオロギーなき時代に入っていましたから、実証主義という名の下に、細かい事実の連鎖の中に歴史があるとされ、おもしろかろうがなかろうが、その事実を発掘して連ねていくことで歴史の総体をつかんでいくんだ、というようなことが言われました。私が「近代史の文体と気分」という論文（『文學界』二〇〇一年七月号）を書いたときに最も意識にあったのは、そのことです。

しかし、そういうやりかたをしていたのでは、歴史はまったくおもしろくない。その当時、司馬遼太郎さんの小説がよく読まれるようになっていましたが、歴史の文脈をもっと拡大して、もう少し自由な発想をもってこないことには、とてもやれないのではないかと考えたわけです。

先ほど、時代を内側から捉えようとした場合に、その時代を代表する人が語っていることを見れば、その時代がわかると言いましたが、よく知られている人だけではなくて、埋もれてしまった、あるいは埋もれそうになっている人たちを発見していかないといけないのではないか、という気がしたわけです。そこで九〇年代に私が行なった作業は、ひとつは、リベラリストといわれたジャーナリストの馬場恒吾の発掘でした。その成果を『馬場恒吾の面目』という本にまとめました。

馬場恒吾は、一九三〇年代に十年間にわたって毎週毎週『讀賣新聞』に日曜評論という時評を書きつづけました。当時の議会政治と自由主義を守る立場から、政治の世界に対してものを言っていた評論家であります。彼の十年間の時評を全部拡大コピーをとって読み、分析しました。

このとき、ああ、一九三〇年代はこういう時代だったのか、というある手応えを得た。そして、そのような批評を試みた人は、何も専門の評論家だけではなくて、歴史小説を書いた人とか、もっと幅広くいたのではないか、と思いました。そこで、次の課題として、もう一人の馬場恒吾探しを始めました。そのときにふっと目についたのが、実は大佛次郎だったのです。

大佛次郎につきましては、それまでもいくつかの作品を読んでいたわけですが、今日新たに発見した大佛次郎というのは、鞍馬天狗の側から、あるいは歴史小説の側からの大佛次郎ではなくて、むしろ本人自身が「社会講談」といい、「歴史ノンフィクション」という言い方をされていましたが、最終的には『天皇の世紀』につながっていくような一連の歴史物を書いていたわけです。ここに注目しました。

日本の一九三〇年代とフランス第三共和制

私は『ブゥランジェ将軍の悲劇』(改造社、一九三六)など、大佛次郎がフランス第三共和制の歴史に題材をとって書いた作品を読みはじめました。ところが、そこでひとつ困ったことが起きました。

確かに『ドレフュス事件』(天人社、一九三〇)にしても、『詩人』(苦楽社、一九四六)にしても、『ブゥランジェ将軍の悲劇』にしても、そこでは大佛次郎は時代の鼓動を感じ、時代と共鳴している。そして、その時代に対して何かを発言しようとしている。それははっきりとわかるんですが、馬場恒吾の場合のような直接的な関係性は、なかなか出てこないのです。この時代はこういう時代だったから、それを受けとめた大佛次郎がこういう小説を書きました、というふうにストレートにはいかない。隔靴掻痒の感がある。

しばらくいろいろなものを読みながら考えていましたが、あるとき私がタイム・トラベルのおもしろさを少しまちがえてとらえていたのではないか、ということに気がつきました。

どうまちがえていたのか。確かに、馬場恒吾であるとか、清沢洌《きよさわきよし》であるとか、まさに同時代の日本について鋭敏にとらえて、それを例えばコラムに書かなければならない、雑誌の論文に書かなければならない、そういう人たちの危機意識というのは、当然のことながら、その時代にぴったりとよりそって、それについて論じているわけです。したがって、我々にとっても、そこはストレートによくわかります。右側に彼らが書いたものがあって、左側に歴史年表があって、それを照合すれば、大変にフィッタブルにその時代がわかってくる。

ところが大佛次郎の作品の場合は、そういう具合にぴったりとは照合できない。なぜなのだろうか。それが、これからお話ししたいことに関わります。

大佛次郎自身が『ドレフュス事件』を書いたときの気持ちをのちに語って、自分としては「社会講談」を書きたかったのだ、と言っています。荒畑寒村たちが『解放』という雑誌などでやっていたのと同じやりかたです。外国の事件を事例に取りながら、今の日本社会を風刺し警告する作業をやりたかった、と言っているのです。

それから彼は、戦後になってから、戦前の自分の仕事について、いろんなところでときどき言及しております。そのしかたはさまざまで、例えばあるときには、『鞍馬天狗』だけの大佛次郎であるということに若干のこだわりがあった、違う面を出したいと思って一連の歴史ノンフィクションを書いたんだと言っていますし、のちになって、例えば一九七〇年代には三〇年代の自分の仕事をふりかえって、また違うことを語っています。戦後になって『パナマ事件』（朝日新聞社、一九六〇）を書き、『パリ燃ゆ』（朝日新聞社、一九六四―六五）を書き、『天皇の世紀』を書きはじめた時点で、三〇年代の仕事を回顧するときには、どうしてもある種類型的な言い方にならざるをえないというところがあるように思われます。

一九七〇年、『大佛次郎ノンフィクション全集』第一巻のあとがきでは、このように言っています。

昭和五年前後には、日本の軍部が政治干渉のきざしを早くも示し始めていた。国家に於ける軍の地位を、日本のように統帥権に依って「国家内の国家として」それだけ独立を許している国では、事情を充分に理解して警める必要があった。

共和国のフランスでさえ、軍が国の危急を口実に制限なく意欲をほしいままにする。第三共和制下にも、幾度かこの現象が起って国家と国民生活の危機となった。独裁の危険を示したブーランジェ将軍の場合もそれなら、ドレフュス事件も軍部は決して過つことなしとする思い上った確信から、無実と判っている人間を犠牲に捧げて、軍の尊厳を守ろうとした。

そして、「この圧制に対して目醒めたフランス国民が、いかに闘ったかを、私は日本の読者に知って置いて貰いたかった」と書いています。

それに加えて、日本の場合雷同的な気質があるから、特にこれが読まれる必要があるとして、「日本では、培われた社会遺伝の如くに、周囲からの有形無形の圧迫と、それに心弱く譲って妥協を許し衝突を避ける国民的性格が地下に根をひろげていた。ブーランジスムが育ち易い土壌なのである」と書いています。つまり、大佛は、ここではっきりと、ブゥランジェ事件やドレフュス事件を、日本の十五年戦争を規定した起源に当たるものに擬しているのです。

そして、これもよく言及されることですが、友人の大森義太郎が、ある座談会に出て中野正剛に会ったら、中野が、『ブゥランジェ将軍の悲劇』のことを、あれは明らかに荒木貞夫大将のことを書いたものだといった、と大佛に知らせてくれた、といって、大森が笑いながら「大佛さん、まだ、可怖いの、やって来ませんか」とからかったというエピソードが書かれています。

この大佛のあとがきは、いろいろなところに引用されています。そして、それがすでに独り歩きをしています。もちろん、ここで大佛次郎が言っていることが誤っているとは私は思いません。

しかし、ここで彼が語っていることは、戦後七〇年代という時点から三〇年代を見たときのかなり類型的な見方になってしまっていると言わなければなりません。そのことが、私としては非常に残念なのです。

何が残念か。大佛次郎は、あれだけたくさん新聞小説などを書いたのですから、しかたがないといえばしかたがないのですが、いろいろな作品を書いたときの日記やメモを、たぶん残していないと思うのです。それが残されていれば、その作品を書いたときの、時代の内側からの手触りというものがわかるのですが、それがないままに、ずっと後年になった七〇年代における回顧だけでは、どうしても充分なものにならないのです。大佛次郎の当時の手触りが充分に摘み出せない。そこが残念だと思うところです。

ともあれ、それを前提にして、大佛次郎の作品と時代との対応関係を見ていくことにしたいと思います。

政党政治の脆弱さを警告した『ドレフュス事件』

大佛次郎は、一九三〇年の四月から十月まで、『ドレフュス事件』を『改造』という雑誌に連載いたします。彼の構想は、もう少し前から温められていたことでしょう。一九二〇年代末、昭和の三年、四年あたりには、もう構想ができていたのではないかと思います。というのは、ロマン・ロランとかアレクサンドル・デュマといった作家の作品を読み、翻訳も出してフランス文学に親しんできた大佛ですから、フランス第三共和制の何に焦点を当てて何を書くかについては、早くから調査をしていたのではないか、と考えるからです。

するとこの作品は、一九三〇年代そのものを反映しているのではなくて、それより前、一九二〇年代末、昭和の初めの時代を反映しているのではないか、ということが言えるのではないでしょうか。つまり、フランスにおける十九世紀終わりの第三共和制の脆弱さと、日本における一九二〇年代に花開いた議会政治、政党内閣の脆弱さが大佛の頭の中では対比して捉えられていたのではないか。

大正末から昭和の初め、加藤高明護憲三派連立内閣ができてから五・一五事件で犬養内閣が崩壊するまで、八年間政党内閣が続きました。これを八年もよく続いたと見るか、あるいは八年しか続かなかったと見るかは、歴史家にとっては大論争になるところです。当時の政党政治の意義を強調する立場と限界を指摘する立場で評価が違ってきます。

私はよくぞ八年も続いたという見方をします。つまり、大日本帝国憲法という統治の根本規範は、その中に政党というものをもともと規定していません。議会という規定はあっても、政党が政権を取るという発想にもとづいた規定はまったくありません。憲法上の位置づけがないところで、原敬らの努力でなんとか政党政治を入れ込んできたのです。しかし、その政党政治は、けっしてうまくはいかなかったわけです。

大佛次郎が『ドレフュス事件』を書いて日本の状況に警告を与えようとしたのは、一九三〇年代の時代状況というよりは、もう少し前の状況を踏まえてのことだったのではないか。なぜなら大佛は、陸軍大将の田中義一が政友会に入り、総裁になり、そして総理大臣になるという事態を見て、政党内閣の危うさを感じていたのではないだろうか、と思うからです。

一九三〇年に入ると、浜口雄幸の民政党内閣が政党内閣であることを強固に打ち出して、ロンドン海軍軍縮条約を結んだわけですが、ところがそれを批准するところで大きな内部対立が起こり、そこから軍部が政党を批判したり、軍部と結びつく勢力が出てくる状況になってくるわけです。

大佛次郎は、そこを見ていたのではないかと思います。つまり、田中義一が政友会に入ったあたりから、政党内閣の脆弱性に危惧を懐いて、この作品を構想していったのではないか。そして、そのような危惧の下に彼がこの作品を書きはじめた段階から、ロンドン海軍軍縮条約をめぐる海軍内の対立、陸軍内の対立が現れて、やがて三月事件、十月事件という軍隊内の小クーデタが起こっていく。

「社会講談」と呼んでいる『ドレフュス事件』という作品には、彼自身がもっていた危機意識、政党政治の脆弱性に対する普遍的な認識が現れているように思います。少し前の状況から、このような危機意識と認識をもっていたわけですから、その後の展開を予想したような形になっているのです。

馬場恒吾のように、今の時点での状況を見ながら、それと切り結んで批判をするのではなくて、それより少し前の状況を説き起こしながら、ドレフュス事件に重ね合わせて書いていく中で、同時進行で起こっていくであろう事態を予告するかのように批判的に扱っていくことができたのです。大佛次郎が見ていた日本の状況とフランス第三共和制の状況との対応関係は、馬場恒吾の場合のように同時的ではなくて、少しずれていて、そのために複雑に被さっていたと考えるべきでしょう。

ドイツに仮託した言論抑圧批判

一九三一年に満州事変が起こり、翌三二年には五・一五事件が起こると政党内閣は見事に崩壊し、海軍大臣の斎藤実を首班とする挙国一致内閣が成立します。このような情勢のもとで、三三年五月、大佛次郎は、ロシアのセルゲイ大公の暗殺事件を描いた『詩人』という作品を発表します。なぜ次はロシアなのか。

テロリストに対する関心を、ある時期から大佛次郎はもつようになります。そして、その後ずっともちつづけました。彼が『詩人』を『改造』に発表した時期と前後して、同年一九三三年四月に京都大学で滝川事件が起こります。京都帝国大学法学部の刑法の教授であった滝川幸辰《ゆきとき》はイデオロギー的に左翼であったわけでもなんでもありません。いわゆる自由主義というものが圧迫されるようになった最初の事例です。この滝川事件は、この年九月まで続いて、学問の自由をめぐる最初の危機が目の前に現れてきたわけです。

しかも、この年十二月には、陸軍省・海軍省が軍部批判に対する批判を公にする、ということが起こってきます。民間で軍部批判をおこなう者は、軍と民間を離反する者だ、というのです。この『詩人』についても、大佛はのちに、これはロシア革命以前のロシアのことを書いたものだが、日本に関する部分については検閲にあったと書いています。そしてこれ以後、この『詩人』に連なる系列の作品は書けなくなります。軍の力が極端に強くなっていくからです。

もうひとつ、この年ヒットラーが政権をとるわけですが、大佛はナチスの焚書に対する抗議として「時代に光あれ」という文章を『讀賣新聞』に発表しています。まことに大佛らしく、ヨーロッパの時代状況の中でナチスがおこなった行為について、これを真っ向から批判するわけです。

「偉大なる存在ゲーテ、ベートーヴェンで代表される真実のドイツ人」は「宇宙的抱擁力」によって「国境を越えて(軍隊の進出ではない!)人を納得させる力」をもっている。ここで括弧をつけて「軍隊の進出ではない」としているところが大佛らしくて印象的です。「ドイツの民族は、歴史の上に、人類の成長にそれまでの指標を画していたのである」として、「ナチスは、それを我が手で破壊する」という言い方をしています。

大佛は、この一九三三年五月に書いたナチスの焚書抗議の文章をそこで終わりにしているかというと、そうではないわけで、きわめて慎重にではありますが、つづけて日本の現状に対する批判の表現をしているわけです。

健全を誇っていたドイツ精神が、このような病的な発作の状を示すに至ったというのからして、僕らは現在の世界が何処まで来ているかを痛感せずにはいられない。

この耳を傾ける余裕もあろう筈のない相手に対して、僕らが何かいいたいと志したのは、ナチスの暴圧の嵐の下にも、なお明日のあかつきを待っている真実のドイツ人がすくなくないと信じるからである。声を塞がれているその人たちの苦悶に、僕らは手を伸ばそう。大陸の果に、ドイツの明るい未来を確信している外国人のあることを明白に伝えよう。君たちの苦悶は君たちだけのものでない。深浅の相違はあれ、僕らもまた、僕ら自身の手傷を抱いている。ここでも空気は重苦しい。偽愛国者に対して「日本の真実の純粋」を、原始的な暴力の発動に対して理性を防禦しなければならなくなっている。世界を通じて外国のことだと自由に喋れる、国の内のことだと思うように話せないというのは、何とも奇怪な世の中になった。

つまり大佛は、ドイツのことだったら、これだけ自由に言えるのに、日本のことだったら、同じことでも言えない、そういう時代になってきたんだ、ということを示そうとしているのです。このときまさに、京大の滝川事件が起こっていました。ですから、ドイツの問題と日本の問題を重ね合わせて発言をしているのです。

テロリストとスパイへの関心

大佛次郎は、この時期、同時に別の歴史小説も書いております。この年から書きはじめるのが『安政の大獄』です。歴史小説としてはこの少し前、一九二九年に『由井正雪』（改造社、一九三〇）を書いています。由井正雪の乱は、幕府の内部における叛乱とも言えますが、安政の大獄は、幕府権力が一気に強圧に出たものであり、それに対抗してテロリズムが起こってくる。ここで大佛は、テロという問題を視野において時代を見ているわけです。そう見て間違いありません。

大佛の小説は大抵新聞や雑誌に連載して、そのあと単行本にしていくというのが普通ですが、『安政の大獄』は連載が終わった翌年の一九三五年に、前編だけが改造社から単行本として出されているようです。様々な事情があって、後編は出なかったのではないかと思います。

彼は『詩人』で書いたテロリストの問題を、今度は『安政の大獄』を書くことによって日本の事例において描こうとしたのです。これは興味深い問題をはらんだ作品だと思います。

一九三四年になりますと、陸軍内部の対立が顕著になってきます。このときまでに、日本の陸軍の中では皇道派と呼ばれる勢力が実権を握り、宇垣一成に代表される、政党と協調していく、ある種理性的な勢力が排除されていったわけです。その皇道派に対して、さらに、より組織化された力によって支配を拡大していこうという統制派という勢力が出てきます。そして、一九三四年一月に、皇道派の象徴であった荒木陸軍大臣が辞任する。そして、のちに統制派の象徴になっていく林陸軍大臣に交代をするという勢力変動が起きます。

同じ一九三四年一月に、鞍馬天狗シリーズの『地獄の門』が『講談倶楽部』に発表されます。ここでは、鞍馬天狗の話自体の趣きが変わってくるわけです。この『地獄の門』は、かつて鶴見俊輔が自ら編集した小学館文庫版の「解説」で書いているように、一九三〇年代の日本共産党の党内で摘発されたスパイの問題を幕末の状況に置き換えて描き出したものであったのです。

大佛が、テロリストとスパイの問題を、手を変え品を変えというと大仰ですが、いろいろな形で作品の中で取り上げようとしていたことがわかります。

一九三四年は、言論の自由抑圧という点では象徴的な年です。この年の五月に出版法の改正がされます。この改正によって、皇室の尊厳の冒瀆、安寧秩序の妨害に対して厳しい規制がおこなわれるようになります。次第に言論に対する公的規制が強まってゆくのです。そして一九三五年を迎えることになります。

日本のリベラリズムのもろさを見つめて

一九三五年の一月から十一月にわたって、飛び飛びにではありますが、大佛次郎は、「社会講談」の第二弾として『ブゥランジェ将軍の悲劇』を『改造』に連載しています。第三共和制におけるブゥランジェ将軍の栄光、そして反革命的革命を起こそうとして失敗していくという失墜を描き、十九世紀末におけるフランス第三共和制最大の危機の一つであったこの事件を題材としていくわけです。

同時に、この連載が始まった一月には、大佛は、鞍馬天狗シリーズのほうでは『宗十郎頭巾』という作品を書き、同時代の共産党の内部に起こった警察への密告者の問題を扱います。そうした密告者の生態を描いたわけです。これは、一九三五年の一月から二月にかけて、『講談倶楽部』に連載されています。そして、『地獄の門』ともども、この年の六月には単行本になって出ています。

『ブゥランジェ将軍の悲劇』が連載されているうちに、日本の状況はどんどん変わっていきます。二月には天皇機関説事件が起こります。三月には、政友会が中心になって、国会で国体明徴決議が採択されます。議会政治の自殺といわれる行為をすることになったのです。七月には、コミンテルン第七回大会で人民戦線テーゼが出されて、八月には、皇道派と統制派の対立のあげくに、統制派の陸軍軍務局長永田鉄山が皇道派の相沢三郎中佐に刺殺される事件が起こります。九月には、林陸軍大臣が辞任をします。こうして、二・二六事件まであと一歩というところまで状況が煮詰まってくるわけです。

そのような状況の中で、大佛次郎は、三月に有名な「土耳古人の手紙」という随筆を『東京朝日新聞』に書いております。この「土耳古人の手紙」は、よく取り上げられるのですが、これまで述べたこの時代の流れの中で見ますと、彼が自由についてどう考えていたのかがよくわかってきます。大佛は、こう言っています。

ひどくお俐口に扱われた話だが一度芸術家にして置いて、今度は工合が悪くなったから頭を叩いて、もう少し引込んで、もとの芸人に成れというのだ。考えて見れば、自由主義というのも、便宜上ちょっと握らしてくれた玩具だったらしい。もっとも日本のインテリゲンチュアである僕らは、自分で何分かの努力をして獲得したのでない、二月も六月もない、［引用者註：これは二月革命も六月革命もなかったということです］バリケエドの経験もない。貰ったから子供のようにいい気に成って悦んでいたので、奪られると成っても文句をいう方法を知らない。市民権といっても名ばかりのものだったのである。日本に輿論に反抗した反社会的な文芸作品など現れた例がない。右翼の天下には右翼だ。どちらの成長の為にも不幸だったのだが、リベラリズムに生活的根拠が薄弱だった証拠と看做し得るだろう。闘争の経験すらないリベラリズムだから、縁日の植木より根がもろく非現実的なのである。歴史の鉄則だけは、それとは無関係にどんどん動いて舞台を廻して来たわけである。

右の引用のうち「リベラリズムに生活的根拠が薄弱だった」という部分こそ、まさに大佛の実感だったに違いありません。

このよく取り上げられる文章が書かれたのが、『ブゥランジュ将軍の悲劇』を書いているときだったこと、そして天皇機関説事件が起きた年のことだったこと、そういう時代的背景から見なければならないのです。

『ブゥランジェ将軍の悲劇』の連載は十一月号で中断します。翌一九三六年、二月に二・二六事件が起こります。そんなことがあったからでしょう、連載再開は三六年七月号からで終了は九月号です。もっとも『ブゥランジェ将軍の悲劇』は、三六年の十月には本になります。雑誌掲載時と単行本収録時では何らかの相違があるのではないか、と想像します。

『中央公論』系と『改造』系

このように見てきますと、次第に書きにくい時代になっていったのがわかります。大佛自身が後年言っているように、フランス三部作という構想があったわけです。つまり、『ブゥランジェ将軍の悲劇』の次に、『パナマ事件』を書くつもりでした。『パナマ事件』は、一九五〇年代になってから書くわけですが、このときには時代状況故に書けなかったわけです。

これも後年になってからの彼の言い方によれば、時代は自由が失われる「大政翼賛会の時代」になっていくわけですが、パナマ事件では明らかにフランス議会が有効に機能しなかったわけですから、フランス議会の腐敗を書かなければ、パナマ事件を書いたことにならない。しかし、大佛としては、議会政治というものを応援したかった。『ブゥランジェ将軍の悲劇』ではフランスの議会制を少し持ち上げすぎた、とよく言われます。評論家の渡辺一民もそういう意見です。確かにそうなのですが、フランス第三共和制といってもそんなに立派ではなかった、という認識です。にもかかわらず、そのようなものであったフランス議会制をあえて立派に見せることをなぜ大佛は試みたのか。それは、日本の議会制擁護のための補助線を一本引きたかったからにほかなりません。

ところが、パナマ事件の場合は、いくらなんでもそういうわけにはいかない。議会が無力だったこと、汚職まみれで腐敗していたことを書かないわけにはいかない。したがってこの時期には書けないということで、戦後に延ばしたのです。戦後になって大佛はそう言っています。

大佛のコラムで注目すべきものは、そのあとにもいくつかあります。例えば、一九三七年一月には年頭の所感の中で、非常に生きにくい時代になったとはっきり書いています。それから一九三八年、彼は雑誌『改造』の発刊二十周年記念号に「思い出」

を書いています。ここで指摘しておきたいのは、大佛は今述べた『ドレフュス事件』『詩人』『ブゥランジェ将軍の悲劇』を、すべて『改造』に連載していることです。『ブゥランジェ将軍の悲劇』についていえば、これは単行本も改造社から出しています。

このように、大佛次郎は、当時の物書きの中では珍しく『改造』という雑誌を重視していました。このことは、私が発掘した馬場恒吾が『中央公論』に拠ったジャーナリストであり、その前に、大佛が学生時代に私淑した吉野作造も『中央公論』に拠ったことと比較しますと印象的です。河上肇との関係などから大佛は、『中央公論』よりは少し左寄りだった『改造』の姿勢に対しで強く親近感を寄せていたことがわかります。この『改造』との関係が、戦後は『朝日新聞』に移っていくわけです。そして、『朝日新聞』が大佛の執筆活動、特に史伝物の発表を支えることになります。

都会人的・西洋的な感覚に基づくリベラリズム

さて、以上お話ししてきたように、一九三〇年代のさまざまな政治的事象と、大佛が書いたいくつかの作品を重ね合わせてみると、三〇年代というものの相貌が、前よりははっきりと見えてくるのではないでしょうか。

大佛次郎には都会人的な、あるいは西洋的な感覚がありました。彼は一中から一高を出て、横浜に住み、親戚関係には海外に行った人たちが多くて、そういったところから、土着の日本人的感覚というよりは西洋的な感覚を身につけていた人だと思います。そういう彼がもっていた価値観、自由に対する感覚が、一九三〇年代の日本の状況の捉え方に反映されていることは間違いありません。

彼は誰かと協力していっしょに何かをやることはしませんでした。むしろ個人でできることをなしとげたいというスタンスだったと思います。そして、新聞小説を書きながら、日本の状況についても広く目配りをして、時代に対し予知的ともいえる作品を書いたのです。

この状況は、戦後になって変わります。戦後の『パナマ事件』とか『パリ燃ゆ』とか、さらには最後の重厚な『天皇の世紀』にいたるまで、そこにおける彼の時代との関係と、一九三〇年代の時代との関係というのは、やはり緊張関係が違います。ですから、そこはおそらく一直線にはつながらないのではないか。従来の大佛論を読んでいると、どうも、戦前から一直線につながるような捉え方が見られます。そこは、やはり違うのではないか、と私は思います。

伊東巳代治の孫が出した雑誌『自由』

さて、これまでのお話の中で、非常に都会的で西洋的な文化人としての大佛を見てきました。大佛は、田舎から出てきて、東京でがんばって世間に出ていくタイプの知識人ではありませんでした。そういうタイプの作家ではないが故にもっていた自由、貴族精神的な自由というものが彼にはあったと思うのです。そして、これからお話しする伊東治正と総合雑誌『自由』というのは、これまた、まさにそういう自由に関わるものでありました。

伊東治正の祖父伊東巳代治は、嫌われ者でした。政治史をやっているとわかるのですが、巳代治というのは伊藤博文の腰巾着で、金子堅太郎とともに帝国憲法のオーナーとしてふるまったわけです。自分は、伊藤博文といっしょに憲法を創った人間であるということで、帝国憲法のオーナーとして枢密顧問官になった。非常に金儲けのうまい人で、今では自民党本部などになっていますが、永田町一帯の土地を全部、自分の持ち物にしたわけです。永田町界隈に三千坪の土地を所有していました。

そういう伊東巳代治が、帝国憲法を守るという建前から、政治に介入をして、問題を起こすのです。伊東巳代治の孫である伊東治正は、巳代治が亡くなってまもなく、総合雑誌『自由』を出版することになります。この雑誌が刊行されたのは二・二六事件のあと、一九三六年から三八年の初めにかけての一年ちょっとの間でした。

この雑誌『自由』は東大の新聞研究所の方たちが中心になって復刻されました。ずいぶん宣伝をしたんですが、その後、これについてフォローする研究者もおらず、そのままになってしまっていました。全体としての位置づけがまったくされないまま放置されている状況です。

当時の新聞を見ますと、雑誌『自由』の広告が結構出ています。以前よりこれはどういう雑誌なんだろう、と関心をもっていたのですが、それをまとめて見る機会がありまして、考究をしてみようと思っていました。

さて、伊東治正がこの雑誌を出したのは、まだ二十代のときです。一九三四年に伊東巳代治が亡くなりますと、翌年に治正のお父さんも亡くなってしまいます。そこで、弱冠二十数歳の治正が、伊東家の膨大な資産を相続することになります。治正は学習院から府立四中に行って、当時、府立高校の学生でした。こういう家柄の人で、公立の学校に行く人は珍しい。

こういう育ちの人は、時代切迫の状況をかえって鋭敏に感じるところがあるもので、伊東治正は、自由がなくなってきていることに危機感を懐いて、ひとつ雑誌を出して、警鐘を鳴らそうと考えます。どんなに赤字になってもかまわないから出そうと決意する。もっとも、どんなに赤字になってもといっても、なにしろ永田町に三千坪の土地をもっているわけですから、こたえはしない。

当然、伊東家の顧問会議みたいなものにかけられましたが、「まあ、やんちゃ坊主がなんかやるようだ」というくらいのことで認めてしまったことから、雑誌『自由』が刊行されるのです。

「五箇条の御誓文」を掲げて

帝国憲法のオーナー家の若き当主として、オーナー意識が多少なりともあったものと思われますが、伊東治正がもっていた危機意識は、議会制が侵されていることをめぐる危機意識でした。こうした意識は、吉野作造以来のもので、吉野作造、馬場恒吾がもっていた危機意識をいわば共有していたと言えます。そのような意識から雑誌『自由』は刊行されました。

この雑誌で印象的なのは、やはり、いかにも帝国憲法のオーナー家の嫡男による編集らしく、雑誌の冒頭に、「五箇条の御誓文」が載せられていることです。第五章でも触れましたが当時、軍部といえども、「五箇条の御誓文」には手がつけられなかったのです。明治国家というのは、これで始まったわけですから、これを否定することはできない。

「広ク会議ヲ興シ、万機公論ニ決スヘシ」という御誓文の言葉を掲げて、議会とはこれによって裏打ちされている、というわけです。これを前面に出せば、いろいろな妨害を押しのけられる。この雑誌が、たいした検閲も受けずに出せたのは、この点によったものだろうと思われます。

編集後記も伊東治正が書いております。『自由』の主幹は永田鷇《ひなどり》ということになっていますが、これは伊東治正のペンネームです。永田町に三千坪ですから「永田」、そこのまだ若い孫だから「鷇」というわけです。隠していたといいますが、すぐわかるペンネームです。

その編集後記に、非常に若々しい文章でこう書いています。そして、これだけのことが二・二六のあとに言えたのかと考えると、すごい。

◇敢えていう。我々には、今の御時勢が慊らないのだ。思うこと、考えることの自由に言えない、行えない、上と下とは心のうらはらな唯、汲々として現状維持に之つとめている、自然、人心は倦み疲れている、そして、新しい知識を世界に求めようとすれば、それさえも多くは許されない——そういう御時勢がとても堪えられないのだ。

◇我々が本誌の扉に、五ケ条の御誓文を掲げたのは、決して、当局や反動団体からの妨害をのがれるためのカムフラージュではない。御誓文を文字通りに拝読して、その革新性に感激し、これこそが我々のモットーである、と確信したからである。

（原文の仮名づかい、漢字体を現行表記のものに改めた。以下同）

そして「畏くも明治大帝が……」という文章が出てきて、否定されないようになっている。つまり、帝国憲法の精神に戻れば、議会政治はもっと自由にして大いにやるべきなんだ、と主張しているのです。

彼は、当時出ていた既成の雑誌、例えば『中央公論』や『改造』や『日本評論』といった雑誌の編集者の態度に対して、誌上で批判をしていたわけです。つまり、「既成雑誌はダラ幹である、当局から来る自主規制の求めを先取りして、いい加減な雑誌を作っている」というのです。そうした既成雑誌に対して、我々は、主義主張のはっきりした雑誌を出さなければいけないと主張しています。

また、自由放談会という企画を設けて、様々なジャンルの人たちを呼んでいます。例えば、文芸評論家の青野季吉とか、社会運動家の高津正道とか、婦人運動家の神近市子とか、そういう人たちを呼んで議論させて、永田すなわち伊東治正が司会をしています。そのほか人民戦線的な知識人から自由主義者まで、幅広い人たちが次から次へと『自由』に登場しては去っていっています。

帝国憲法オーナー家の立場から自由を追求

この雑誌の内容がかなり思い切ったものであったことは確かです。これだけ奔放な内容でやっていたわけですから、この時期の規制強化をまともに受けて、二回弾圧を受けます。削除命令が出る。そして、その削除命令に抗しきれなくなって、一年ちょっと、わずか十五冊刊行したところで発行ができなくなります。

この雑誌は当時三十銭で売っていました。『中央公論』などの雑誌が五十銭から六十銭でしたのでかなり安い値段です。部数は一万部出ていたといいます。すべて取次を通して一般の書店で売っていたものです。ですから、内務省から発売中止命令が出ると、流通できず売る機会もなくし断裁しなければならなくなります。一般の人たちに届けられなくなる。最後は、そういう仕打ちを受けて発行できなくなりました。こうして一九三八年二月に終刊号が出ます。

終刊号の編集後記に、永田すなわち伊東治正が、このようなことを書いています。

◇いま、この後記を書くに当り、静かに一年を回顧して、吾々の歩みきたった跡を憶う。馬車馬の如き奔放さも、無批判なドグマも、吾々を今日まで押し進めて来てくれた。いま分岐の頂点に立って、遙か後方を見、遙か前途を望み、最後の編集を終るに臨んで、再び読者に見ゆる日を望むこと切なるものを感ずる。吾々は敢て時代の波に抗したのではない。しかし、時代の波は即ちまた吾々でもあるのだ。吾々の動きこそ、吾々各人の歩みこそ時代の要素を創り、時代の本質を生んで行かねばならない筈である。吾々は第二の出発を始める。では、諸君！

このあと続きがどうなったかというと、伊東治正は、まもなく『東京日日新聞』の記者になります。そして、政治部の記者をやって、軽井沢で近衛の情報を取るなど、新聞記者として和平へ向けての活動を展開したようです。戦後は、当然ながら一挙に財産を失います。その後、戦後貴族にありがちな運命の変転を経ていますが、最後までハイカラな華族の末裔として一生を過ごしました。

戦争が始まったときに、伊東治正は、お祖父さんの伊東巳代治が保管していた帝国憲法関係のすべての文書を明らかにし、学者たちに公開します。そして、憲法史研究会を作って、帝国憲法がいかにして創られたかを実証的に研究させる企てをおこないました。それについては戦後、彼は『政界往来』などいくつかの雑誌に書いています。このように伊東治正は、最後まで帝国憲法のオーナー家の嫡男であった、ということができます。

伊東治正が帝国憲法をいかに重んじていたかは、結婚して一九四四年に子供が生まれたときに、その息子さんに「憲治」という名前を付けたことでもわかります。そのように、帝国憲法のオーナー家の観点から自由を追求したという点では非常におもしろい人物だと思います。

伏せ字一歩手前での表現の彫琢

私が、この二人についておもしろいと思うのは、一九三〇年代という時代は、一挙に真っ暗な時代になったわけではなく、さまざまな緊張関係の中で、押したり引いたりの過程があって、その過程では、大佛次郎は大佛次郎なりの貴族精神のようなもので時代に抵抗していくということがありましたし、また伊東治正は伊東治正なりに、帝国憲法のオーナー家の嫡男として帝国憲法を守るために時代に抵抗していくということがあったという事実です。

そういう様々な活動があったにもかかわらず、最終的には時代がある方向に流れていったことも事実です。しかし、このような抵抗のありかたを忘れてはならないと思います。私は、雑誌『自由』などは、もう少し重視されるべきだし、分析をしてみるとおもしろいと思います。そして、こういうタイム・トラベルのおもしろさというものを、これからもっと伝えていかなければならないでしょう。

戦前、一九三〇年代。自分がほんとうに考えていることを書くのがきわめてむずかしい時代。その状況のなかで一つの言葉の中にさまざまな意味合いを二重三重にこめて、こういうふうに読んでくれよという願いをこめて彼らは書きました。それは馬場恒吾のときも痛感しましたし、大佛次郎、伊東治正の場合にもそうでした。ですから、一つの文章にものすごく思い入れがあるのです。これは、大佛自身が書いていることでもあります。

彼は『詩人』を書いたときに「自分としては全部書けなかった。削られることがあると思った部分に関しては随分思い入れをして書いたから、戦後書いたものよりは余程文章に緊張感がある」と言っています。

ところが、今の人たちは、それが読み取れなくなってきています。今書かれている文章の多くは、「言論の自由」の中で書かれています。ですから抑制がない。束縛がない。社会的規制という問題は、これとは別にありますが、書く者が読む者に、この文章をどうやって読んでもらうかについて、悪戦苦闘することがない。そして、他者の目を通さずそのまま出てしまう。そういう時代になっています。

今日から一九三〇年代という時代をタイム・トラベルして見るときに知らなければならないのは、今述べたような事情、××で全部伏せ字にされてしまう一歩手前で、いかに表現したかという問題です。言葉の遣い方、文章の組み立て方にいかに細心の注意を払い、苦心を重ねたか。

ＩＴ時代になって、パソコンに打ち込む時代になりましたが、あそこにあるのは放縦だけで、緊張感が失われた、ただただ垂れ流しという文章が見られるわけです。それが真実の情報へのアクセスなのだと理解されてしまっている。大佛次郎や伊東治正など、文章の一つひとつに大変な苦労を重ねて表現していた人たちのことをどうやって伝えていくか。こんなことをストレートに言えば、若い人たちはきっと辛気くさいと思うでしょう。

しかし私は、少しでもこういうものを読ませたいと思っています。大佛次郎の『天皇の世紀』は、ほんとうは学生といっしょに読みたいのです。でも、「『天皇の世紀』を読む」というゼミをやったら、たぶん一人も来ないのじゃないか（笑）と思って、今のところできないでいます。

◉第七章

占領　安保・講和・新憲法

占領期政治の構図――ニューディーラーと大正デモクラシーの合流

一九四五年八月十五日が革命であったかどうか。

多くの日本の国民にとって八月十五日は、いろいろな受け止められ方は確かにされました。しかし多くはほっとしてその日を迎えました。これで戦争がなくなったという脱力感もあるでしょうし、あるいは逆にこれから大変な状況になることを恐れた人もいるでしょう。さりながらとにかくいったんは、それこそ括弧つきであっても非常に長い戦争状態から解放された気持ちであったのは間違いないと思います。

十五年戦争論をどう考えるかはとりあえずおいておくにしても、やはり満州事変を起点に日本はずっと非常時と言われ、大陸と戦争状態に入り、最後は宣戦布告をして日米戦争に入ったわけです。十五年間の戦争状態にとにかく終止符が打たれて、どういう形の解決であるにせよ、ほっとしたというのが大きかったのではないかと思います。

今度は次の時代に入っていくわけですが、そのときに日本は、政治的に言えば最初は一億総ざんげの東久邇宮さんの内閣ができ、それでは対応できないことが明らかになったときに、幣原喜重郎を総理大臣に連れてきたことは象徴的です。日本国内で考えても、GHQから見たとしても、戦犯容疑者でない総理大臣は、やはり十五年戦争の前にまで遡らざるを得ず、幣原外交で有名な彼を連れてこなければならなかったのです。

幣原から、吉田、片山、芦田、そしてまた吉田と続いていくこの占領期の政権で、はっきりしているのは、幣原を除けば、吉田とか芦田という人たちは、既に戦時期にあってある程度和平工作に関与し、日本が再び平和になった暁にはどういうことをやったらいいかを逼塞状態の中で考えていた人たちだということです。こういう人たちが復活して、政権をとることになるわけです。ところが、その中の一人であった鳩山一郎は見事に、逆にパージに引っかかって追放されてしまうことになります。

今パージと言いました。レッドパージもありますが、一番大きかったのは、占領軍と吉田が関与したことから「Y項パージ」とも言われるものです。これにより戦前の戦争責任にある程度関与したということで、多くの政治家、財界人をその地位から追放しました。これは非常に大きなことで、そこで一種の権力の真空ができてしまった。

その権力の真空に、GHQはうまくはまってくるのです。GHQは日本の統治に最初から自信があったわけではない。日本の統治に楽観的な意味での自信があったのは、アメリカで自分たちの意思をあまり通すことができなかったニューディーラーたちです。彼らは、日本で民主主義の実験をやるんだと言って来た。実験をされる方はたまったものではないですが、大体アメリカ人はそういうのが好きな国民です。それで今述べたように、戦争に関与した上層の人たちがみんな一斉に抜けてしまった後、残された人たちとGHQの人たちが戦後の政治・経済に携わっていく。

そうなると何がよるべきものになるかというと、GHQ＝アメリカは今言ったようにニューディーラーが中心ですから、日本において「民主主義的」な、デモクラシーに則った改革をやろうとする。デモクラシーに則った改革というときに、アメリカ人たちが考えていたのは、自分たちの国で達成できなかったニューディール的なものをより徹底的に実行することでした。

日本の側では、しかしデモクラシーの伝統がなかったわけではない、と思うわけです。幣原に象徴されるように、大正デモクラシーという時代があったのだと。政党政治がかろうじて日本でも成立した時期があって、この時代の精神ないし政治的な志向をもう一遍復活させて、それをさらによくしていけば、戦後デモクラシーはできあがるんだと。日本の方は、過去のとばりの中から「デモクラシー」の〝古証文〟の如き歴史的なものを引きずり寄せるのです。アメリカの方は、自分たちの国でできなかったバーチャルな革命あるいはバーチャルな改革をたぐり寄せる。この二つが現実にぶつかり合ったのが、占領政治だったと考えることができる。

このことがある意味で大事なのは、日本は近代に限らずずっと古の歴史から、異民族統治をされた経験がないということにかかわります。この時点で初めて、無条件降伏ですから完全にお手上げをして、軍事的には全部解除されて、そこに米軍という異民族が入ってきて支配を受けることになった。このかつてない占領支配という状況にどう適応していくか。しかし人間というのは、かつてない事態が来たというふうにはなかなか思わないものです。そして、昔あったある種の傾向性を今に復活させるんだという話になるわけです。

米軍の方も、ずっと日本の状況を見ていて、まず直接統治はやめます。これは非常に大事です。東久邇宮内閣のときに、既に直接統治はやめています。言葉も通じないし、この民族は特攻隊までつくった国ですから、直接統治にはなかなか難しいところがある。そう考えれば、これは間接統治の方がいい。そこで最初の妥協が成り立つわけです。間接統治で、しかし民主主義的な傾向性を復活させるという大義名分のもとで、今度は米軍と日本側とのせめぎ合いが始まるわけです。

日本国憲法という衝撃

次に、日本国憲法が米軍による押しつけ憲法であったという話が、一九四六年に出てくるわけです。これがなぜ日本にとってショッキングであったか。日本はデモクラティックな傾向性さえ復活させれば米軍と妥協できそうだと思っていました。人によっては大日本帝国憲法の手直しですらしなくてもいいと思っていた。あれを最大限デモクラティックに解釈しさえすれば、つまり解釈改憲でいけるんじゃないかと。そうでなくても、ある程度の手直しで行けるはずだと思っていた。

それが突然、米軍の方から周知の翻訳憲法が出てきて、これでやれと言われるのです。これはもう本当にショッキングな出来事でした。そこにはうるわしい誤解があったのです。米軍の方は、日本におけるデモクラシー的な傾向性を復活させるといってもやはり危ないと。いつ元に戻るかわからない状況だから、そこに歯止めをかけるためには、やはり憲法という統治体系の一番重要なところに関しては、アメリカがつくった憲法草案でやっていかなければいけないと考え、これを押しつけるわけです。

ほかのことについてはアメリカも随分譲歩したのに、憲法だけは、当時かかわったいろいろな人の手記を読んでみてもわかるように、二十四時間以内に翻訳せよと言ったわけです。それをちょっとでも変えることは許さないと。それはおかしいと思っても、「おかしくない、これがおまえたちの憲法だ」と言われる。白洲次郎なども、「あのときぐらい、占領とはこういうことなんだと骨身にしみでわかったことはなかった」と回顧していますね。反抗しようとすると「おまえは占領されているんだろう、何を言っているのか」と押さえつけられる。それは悔しかったと思います。

いわゆる親米派と言われて、割と軟弱だと思われている宮沢喜一さんが、心情的にはあまり親米でないのは——もちろん政策的には親米派なんだけれども——、やはりあの当時、彼もそういう状況を見ているからです。「占領軍が解放軍だなんて思ったことは一度もなかった」と、彼は言っています。彼なんかはまさに大蔵省にいて、アメリカからやってきたニューディーラーやその連中と現実に交渉したわけです。そういう中で、向こうのいろいろな意向を押しつけられる。白洲次郎も宮沢さんも英語はよくできたと思いますけれども、まさにその英語の世界の中で占領軍と対した人たちは、本当に占領されたという気持ちをもったのではないでしょうか。

占領を独占したアメリカ

日本を占領したのは、当初は連合軍です。ポツダム宣言をしたときの経緯からいってもアメリカ軍だけではなくて、民主主義側の戦勝国が全部加わった連合軍です。ただ、連合軍の総司令部は東京に置かれましたが、他の国々が発言権を持っているのはワシントンの対日理事会であって、リモートコントロールでしかない。連合軍といいながら、現実には占領軍のほとんどはマッカーサーを中心とする米軍が占めていたのです。

しかもマッカーサーは、御承知のように、対日理事会の言うことを聞いて他の国と協調路線をとりながら日本占領をやろうなどとはまったく考えていなかった。これがヨーロッパにおけるドイツ占領とまったく違うところで、ヨーロッパの場合はそれぞれ連合国に発言権があり、それゆえ最後は西ドイツ、東ドイツへの分裂という状況になっていく。日本の場合はそもそも全部の地域を、アメリカ一国で占領してしまったわけです。

しかもそのトップに、日本に民主主義ないし改革の姿を現実に与えたいと思っていたマッカーサーという特異な人格の人間——劇場的人格であったと言っていいでしょう——が総司令官としてやってくるわけです。ヨーロッパは、これはとにかくアイゼンハワーです。アイゼンハワーとマッカーサーではまったく違って、マッカーサーは自分の影響力と自分のヘゲモニーをどうやって日本で確立していくかを考えています。そうすると初めからはっきりしているのは、支配のやり方が、いろいろな立場の代表がたくさんいる中で話し合いで決めていく多数決の方法をとらないことです。マッカーサーの意向で決まっていく。

もちろんこれには、他の連合国からの批判があります。ですから、対日理事会はしょっちゅういろいろな文句を言います。特に日本で極東軍事裁判が始まれば、この裁判自体はソ連をはじめいろいろな国が入っていますから、アメリカの意向どおりになりません。しかし現実に日本を裁くために行われた極東軍事裁判と、裁判と並行して行われた日本の改革とでは、担い手が明らかに違う。改革の担い手は、間違いなくアメリカで、しかもマッカーサーでした。

日本人の親しみやすい権力構造

もちろんマッカーサー一色ではなくて、中には、例えば後に吉田と親しくなる警察軍事畑のウィロビー一派とか、それから経済科学局にいたマーカットとかケーディスとか、どちらかというとニューディールに近いような人たちがいる。一見、複雑なようですが、マッカーサーがいて、他方である程度対立を起すような人間がいて、という図式は、日本人からすると、逆にコントローラブルです。日本はそういう支配になれていたのです。つまり、日本もそれまで、天皇がいて、あるいは元老がいて、その下にまた政府があって、というやり方で政治が行われていたものですから。

このモデルが、ドイツを支配したときのような多くの国が入った会議体で、多数決でやるやり方だったら、日本の側のコントロールは非常にききにくかったでしょう。けれどもまさにマッカーサーという一人の支配者、これは天皇と同じなのです。実際、マッカーサーを、いずれみんな天皇と同じように見るわけです。しかも日本の天皇と違ってもっと能動的な、自分自身で判断をくだすアクティブな「天皇」らしいと。これがいて、しかもそこにイデオロギーや利益の対立がある部下たちを抱えていて、という状況は、日本の側から見たら本当に図式として見やすいものでした。

日本分裂のシナリオ

とはいえ、それは米国の一国支配だから可能だったことです。このときに、スターリンのソ連が仮に入ってきていたとしたら、日本が分裂することもあり得たでしょう。有名な話ですが、八・一五以降、ソビエトは北方領土まですべて占領したわけですから、北方領土までで止まったのはある意味不思議な出来事です。もう一歩行けば間違いなく北海道まで来ていたわけです。それが止まってしまった。ドイツの場合は陸続きでしたから、あっという間にドイツの半分を占領してしまいました。

日本の場合、幸か不幸か北海道の手前でとどまった。もちろん今の北方領土返還の要求からすれば、そこまで来たこと自体も日ソ中立条約を破ってきたのだからけしからんという話になるのですが、逆に言うとよくあそこに踏みとどまったとも言えます。

あのまま勢いよく来ていれば、北海道は全部とられていたに違いないのです。

北海道を現実にソビエトが実効支配していたら、アメリカとソ連の一種の神経戦が始まります。そこに日本という要素が入ってくると、関係はものすごく難しくなる。端的に言って、日本の側からのマヌーバリング（状況の操縦）は無理だったでしょう。けれども現実には、アメリカ一国支配になった。そのことがもたらしたさまざまなプラスマイナスがあるにしても、一国支配であって、しかも特異な人格のマッカーサーがいるという非常に見やすい構造になったわけです。

権力政治を逆手にとった吉田茂

吉田茂という人間がなぜあれだけ長い間占領期の支配できたかといえば、そういう占領側の支配構造を逆手にとってやるだけの力量が吉田にあったからです。西洋型の全然異質の支配をやられたら、日本はたまらなかったと思います。

そうは言ってもデモクラシー的な傾向の復活、ないしはそれをもっと先に進めていくのが、当時まだ冷戦が始まる前のアメリカの基本的な志向でした。一九四五年から一九四八年まではそういうやり方だったわけです。それは吉田的な保守勢力にとっては到底受け入れがたいものがたくさん含まれていたわけです。しかし、とにかくしばらくはそれにおつき合いしなければいけないということで、どんどんデモクラシーを推し進めていく。

よく言われることですが、農地改革、内務省の解体、地方自治（府県知事を官選でなくて民選にする）、女性の選挙権、教育（旧制高校廃止と新制大学設置）、こういう多くの改革の芽は、実はアメリカから与えられたものばかりだったのではなくて、日本側で大正期以来検討していたものでした。そのことが次々に実施されていったことには非常に大きい。

こんなことができるかどうかはわからなかったけれども、大正時代から学者先生や官僚の中で検討していた案がありました。それを出してくれればよかった。日本の側からすると、そういうものを出せば恐らくアメリカとの交渉に乗り得ると思ったわけです。戦前も戦時中も、日本の側の政策アイデアは、そうそうばかにできるようなものではなかったのです。デモクラシー的傾向に則った結構面白いアイデアがあった。

ですから占領改革がその後なぜうまく続いていったか、一つの答えは、それが全くアメリカから与えられたものだけでなかったということです。もしそうなら、どこかで必ず大修正が加えられたでしょうが、日本の側には根っこがあって日本の側が提案したもの、それをさらにアメリカとの話し合いの中で変えていったものが結構多かったのです。根っこが日本にあるとなれば、占領期が終わったからといって、すぐそれを全部変えましょうという話にはならない。後に「逆コース」と言われるものの実態も、その意味では限定的であったと言わざるをえません。つまり占領改革は、ある種、不可逆的に進んでいくことになったわけです。

そのなかで唯一失敗したのが憲法でした。憲法もこのままで行くと思っていたら機先を制せられ、全然違う憲法を押しつけられてしまったわけです。日本は予想だにしていなかった。戦争を放棄するという九条も、統治機構をあんなに簡単にしてしまうことも含めて。

それ以外については、大体推測の範囲内で進んでいきました。そして、吉田とか芦田といった、戦前から戦後が来るのを待っていて、戦後が来たら直ちに出てくるという人材を養っていた——と言うとすごくいい言葉になりすぎるかもしれませんが、そういう人間を日本は抹殺してはいなかった。戦中あれだけ厳しい状況の中でも生かしていたことが大きな意味をもちました。

吉田にしても芦田にしても、戦前は発揮できなかった力を、戦時中にずっとためこんでいたわけですから、戦後になって、待ってましたとばかり、一斉噴射できました。先ほど言ったように占領という未曾有の事態ではありますが、そこにうまいぐあいに日本の側が柔構造で乗っかっていける要素があった。これが占領を最終的に規定していくことになります。

「安保・講和・新憲法」という三位一体

しかも先ほど申し上げたように、時は冷戦になる。冷戦にならなければ、あの当時日本をスイスにしようという案もあったわけです。本当のスイスは軍隊を持っていましたけれども、「東洋のスイス」は軍隊も持たず、アメリカに全部依拠する。経済発展をそう遂げるわけでもなく、この小さい島の中で、鎖国とまではいかないかもしれないけれども、モデルとすれば江戸時代モデルでいけばいい、と。当時まだ共産革命は中国で起こっていません。中華民国の支配が続いていれば、アメリカとすれば中国と結んでいれば済んだわけです。

ところが、状況は一変する。英米優位で始まったはずの戦後体制であったのに、あっという間に状況一変、赤色革命と言われるようにどんどん赤いカーテンが下りてくる状況になります。ドミノ倒し的に共産革命が起こってくる。その中でいよいよ冷戦が始まると、日本を「アジアの防波堤」にせざるを得ない。「アジアの防波堤」となったら、もう半永久的に日本を基地化するという話になります。

これは日本にとっては心情的には受け入れがたい話ですが、しかし先ほども述べたように、現実政治のレベルで日本の側からいろいろな取り引きをしていく上では、やはりコントローラブルな状況になるわけです。「東洋のスイス」と言われてしまったらおしまいですが、「アジアの防波堤」となれば、では軍事はお預けしたまま経済で復興しますとか、日本としてはいろいろなことをバーゲニングしながらその後の復興を始動していける体制になります。

もちろん一九五一年から五二年にかけて講和独立するときには、もう一度ものすごい路線選択をめぐる争いがあります。あのときに全面講和がとれたかというと、そういう状況ではとてもなかったわけです。やはり、アメリカとの単独講和で行かざるを得なかった。講和条約と安全保障条約とは一体化していて、しかも一体化した安保条約と講和条約と、アメリカがそれこそ押しつけたといわれている日本国憲法とはさらに一体化している。サンフランシスコ講和と安保と日本国憲法と、三位一体なのです。結局その三位一体を、日本としては講和独立のときに受け入れたのです。

朝鮮戦争とアメリカによる極東支配

冷戦が始まって、すぐ熱い戦争になるかと言われたのが朝鮮戦争でした。鉄のカーテンと呼ばれるころには、一応それで固定化されます。固定化される前は、共産革命がどんどん南下してくる。中国では、蔣介石政権が台湾に追い出されてしまいます。朝鮮半島はその中で非常な危機に見舞われる。その結果、朝鮮戦争が起きて、これは日本にとっても一つの危機になったわけです。あのとき本当に、第三次世界大戦になるかもしれないと言われた。

ところがこれも幸いなことに、日本海を渡って軍隊が来ることはありませんでした。あのとき米軍は当然マッカーサーの指揮の下に出ていくわけですけれども、朝鮮半島まで中国軍が迫ってきたにもかかわらず、ぎりぎりで押し返すわけです。だから、戦後すぐにソ連によって北海道が占領されなかったことと、朝鮮戦争でもぎりぎり半島に南下してきたけれどもそこにとどまって、日本には来られず押し返せたということですね。日本が四つの島国であったこと、地政学的に言うとこの自然環境がものすごくものを言い、日本は助かってしまった。

これを契機に、日本ではアメリカの後押しもあって警察予備隊をつくって、その警察予備隊がやがて保安隊になり、自衛隊になり、という歴史を踏んでいくことになります。米軍だけではとても日本を守っていかれないので、日本は国内の治安を含めて、ある程度自分の手で自分の国を守っていかなければいけないということになる。軍隊ではないと吉田は答弁し、実際には「戦力なき軍隊」と言ったわけです。その軍隊を持つことになってゆくわけです。これは明らかに憲法違反なのですが。

朝鮮半島を三十八度線で固定する。米軍は沖縄を返さない、このことははっきりしています。つまり、もう明らかにアメリカ軍の極東の軍事配置の中に、日本を中心として沖縄、朝鮮半島、台湾、これら全部が組み込まれるわけです。この図式の中で、サンフランシスコ講和条約が結ばれ、日米安保条約が結ばれる。日本は一九四五年に軍隊を解体して以来、基本的には軍事力を持っていません。ということは、丸裸の上に米軍が乗っかったわけです。これは条約としては圧倒的に非対称です。もう日本には完全に何もない、だから場所を貸すという、場所貸しで守ってもらうという状態から、スタートしているのです。

ただ、そのときに吉田茂は――彼はやはり商人国家論ですから――、それでいいんだと考えたのです。戦前の日本が何で苦労したか。国家の財政規模の五〇％以上、ときには七〇％から八〇％までを軍事費が占めていた事態を考えれば、全部アメリカに守ってもらえば一〇〇％すべてを民需のためにつぎ込める。そこから来るのが経済復興であり、いずれ行く経済大国への道だったのです。それが今日も続いているわけです。

その過程で明らかに憲法違反の自衛隊がどんどん大きくなっていきますが、それについて憲法改正をすることは一切しませんでした。つまり基本的に、占領でつくられた日本の形を、最初は意識的にでしょうが、その後は無意識にも守っていくことになったのだと思うのです。

コスト対策としての象徴天皇制

天皇の問題も論じなければいけません。

占領期には、昭和天皇の戦犯問題が本来最初にあって、しかもその戦犯問題にくっついて、退位問題が常にありました。極東軍事裁判との関係でいえば、昭和天皇をどう最終的に処遇するかという問題は、ものすごくナーバスな問題としてあったわけです。結局は東條以下A級戦犯になった人たちが責任を負うことにして、天皇は最終的に無問責になります。そうなってくると天皇退位論もなくなり、天皇は退位しないで、大日本帝国憲法下の大元帥としての天皇から、今度は日本国憲法下の象徴としての天皇に生まれ変わることになりました。

天皇の戦争責任を問わないことについては、アメリカ国内でももちろん議論がありました。ただ、五百旗頭眞さんの研究などを見ると次のようなことがわかります。アメリカは戦時中から日本占領についての研究を始めて、あっという間に日本の専門家をたくさんつくっていきました。あの国はすごくて、日本語のできる人材をどんどん教育してつくっていく。そのプロセスの中で、昔からある程度いた、日本に対して友好な気持ちをもっているグルーをはじめとした国務省内部の親日派は、天皇をどうするかという問題について、絶対に天皇に手をつけてはいけないという結論を出すわけです。

それは天皇に対して彼らが特別な感情をもっているからでも何でもなくて、日本国民の感情から言えば、天皇に手を出すとこれは危ない。最もコストをかけずに占領をやるためには、天皇を生かすのが一番いい。自分たちが占領している間に天皇を処刑して、国民の反発と反乱にあったら、占領はうまくいきません。占領を安く上げるためつまりコストの問題で考えたときには、天皇はいた方がいいという結論です。その点に関しては、天皇さえ生かしてもらえれば、日本の保守派も手を打てるわけですね。それで、国民主権でありながら天皇制が上につくという、「天皇付国民主権」みたいな変な形になったのです。

先ほどの自衛隊の問題も天皇の問題も、占領をいかにチープに上げるかということから言えば、これに優る政策はなかったわけです。

メディア検閲と洗脳

そして庶民が「解放」を感じたのには、やはりマスコミの責任が大きいと思います。かつて江藤淳がアメリカに留学して向こうの文書を発掘したとき、特に検閲関係を見たときに怒り狂いました。戦前の内務省検閲なんて甘かったと。内務省検閲は、要するにバツをつけて消せば済んだ。だから、明らかにそこが消されたということがわかる。こんなに目に見える検閲はない。ところが米軍の検閲は何であったかというと、日本の新聞の反民主主義傾向であるという部分は全部切りとって、そこに全然別の記事を入れる。だからバツ印もなければ、傍線を引いた赤もない。つまり、新聞としてはちゃんとした新聞ができる。メリーランド大学のプランゲ文庫にその資料が全部あるのです。

私がメリーランドで聞いた話では、そういうことができたのは日系アメリカ人だということでした。アメリカ軍は日系のアメリカ人を大量に検閲官として動員して、東京だけじゃなく全国でそれをやったのです。地方紙まで全部、徹底して検閲した。日本人が紙面を見たら、全部デモクラティックな記事しかありません。それに反する記事なんて出ない。不可とした記事にはすべて別の記事をあてはめているのですから。これによる洗脳は大きい。江藤淳は、これに怒り狂うわけです。アメリカは、日本人の精神まで骨抜きにしたのかと。

私が十年前にアメリカに行ったときの話では、検閲に携った人たちは、アメリカに戻ってからも、今でも一年に一遍は集まりを持っているらしいですね。でもその集まりは絶対非公開です。占領期の研究が進んだといっても、今のところその検閲の実態を語る人はほとんどいないでしょう。要するに彼らはしゃべらない。

NHKのラジオ放送の方も、同様にプレスコードによる検閲があったはずです。ただ、やはりあの時期ですから放送よりも新聞の方が影響が大きいでしょう。新聞、雑誌、それから普通の出版も、全部対象となりました。民主主義的な傾向に反するものは、全部変えられるわけです。実際に出版できないものもありましたが、みんなの目に触れるものは、すべてそういう洗脳がされたのです。

逆に言うなら、天皇に関しても、天皇が戦後の巡幸で、帽子を手で振りながら、ずいずいと民衆の間に入っていく。米軍は危険だと思いながらも、しかし民主主義的な傾向に触れない限りは「民主的になった天皇様」として報道させる。そうすると、それはそうだとみんな思うわけです。

注意しなければいけないのは、戦前の軍国主義では墨塗り教科書でこういうふうに消しましたという話と対になって、本当ならば、占領期の検閲の話を出さないとだめだということです。北朝鮮の人たちが金体制の下で洗脳されていると言いますが、日本人にもそれを笑えない事態があったということです。

これも研究がありますが、日本人はマッカーサーをだんだん崇め奉るようになっていきました。アメリカの公文書から出てきたものを翻訳してつくった『拝啓マッカーサー元帥様』（岩波現代文庫、二〇〇二）という本があります。民衆がみんな、マッカーサーに自分の気持ちを訴える手紙を書くわけです。マッカーサーに対する恋闕の情が出るわけですね。本を見ると、こういう日本国にしてくださったマッカーサー様、どうもありがとう、という手紙がどんどん出てくる。そんなもの、だれも書けと言わないはずですが、みんな書くわけです。洗脳というのはインプットですから、インプットされたものが逆にアウトプットされるときには、「拝啓マッカーサー元帥様」となるわけです。

恐らくそういう検閲があったことに関して、新聞の側は占領下でアメリカ軍にやられたという、むしろ被害者意識を持っているでしょう。そうじゃない、おれは加害者じゃない、被害者だ、やられたんだと。そういうふうにしなければ新聞は出なかったんだ、という論理だと思います。

いまだ続く「占領」——三位一体の前提をどう解きほぐすか

占領期の終わりとその後の経緯について、最後に一言しておきましょう。それは天皇にかかわることです。

天皇の問題で言えば、今もさまざまな議論がされていますが、講和独立をするときに、やはり昭和天皇は退位すべきだったという議論があります。戦前の内大臣であった木戸幸一さんは、ずっとその説でした。講和独立のときに天皇はやはり退位し、自分自身の責任を明確にすべきだったと。そう木戸さんはずっと言い続け、そこで木戸さんと吉田茂は意見が違ってしまった。退位すべきではないというのが、吉田茂の意見でした。吉田茂は、退位なんかさせたら自分の政権がつぶれるから、嫌だからやらなかったのです。

私が思うに、今にして考えれば、退位がよかったかどうかは別として、木戸さんが言ったようなある種のけじめをつけていれば、占領期というものが——戦前の戦争も含めて——、もうちょっと客観化された可能性があります。しかし結局、退位論を全部つぶして、戦後はどんどん進んでいきます。そういう点で言えば、一切責任はとっていないわけです。そこで天皇が目に見える形でのけじめをつけていれば、これまた今に続く、中国や韓国でいろいろ言われているような戦後補償にかかわる問題も全然違う形になりえた。そういう問題を、今日まで引きずっているのです。

日米安保とサンフランシスコ講和と日本国憲法は三位一体です。憲法改正を議論することは、この三つをどう考えるかという話に必ずつながってくる。「この国のかたち」とよく言いますが、「この国のかたち」は内向きの話ではなく、そういうアメリカとの関係の中にあるのです。

今、何かを考えるときに、初めから前提にアメリカというものが入り込んでいる。いわばＤＮＡの中に入り込んだ存在になっている。いわゆる反米を言う人だって、それを前提としている。すべてが日米安保を前提にして考えているのですから。

その三位一体の問題をこれからどう解きほぐしていくか。戦後七十年を過ぎた今の時期にそれを考えなくて、いつ考えるのか。そこがくしゃくしゃしているので、日本の政治はいつも腰が定まらないのです。

「戦後七十年」が世上喧伝された二〇一五年、印刷教材「日本政治史」（〇三年版）を底本にした放送大学叢書の構成に悩んでいた私に一条の光が射しました。「戦後」「戦後」とメディアも世論も騒いでいましたが、ではそれに先立つ「戦前とは何か」ははっきりとわかっているのでしょうか。どうもそんな様子はありません。せいぜい省みられるのは、一九三〇年代から四〇年代にかけての〝あの忌まわしい歴史〟という感覚だけのようです。「戦前」も随分薄っぺらになったものだ、と正直思いました。

「明治は遠くなりにけり」とはよく言ったものです。でも今では「戦前は遠くなりにけり」ではないでしょうか。そう思い至ったとき電光石火の閃めきで、本書の企画・構成が決まったのです。それは「戦前の政治史」をトレースすることにほかなりません。

放送大学「日本政治史」印刷教材前半に私のテキストが収められています。放送大学の大先輩の天川晃さんが戦後、私が戦前との区分の中で、印刷教材は元より放送教材も、ヒーヒー言いながら取組んだ記憶が、今でも生々しく思い出されます。「戦後七十年」に触発された「戦前七十七年」を、このテキストを底本にして、その当時発行して公表し、このテーマを深めた、今はなき「環」や「大航海」に載った論考からの成果も吸収して、本書は仕上がりました。実はテキスト執筆中にあれこれ頭の中を寄切った「キーワード」を、本書では次のように鮮明にしています。

「歴史物語――大佛次郎流」「建国の父祖共同体――明治天皇と元老」「宮中政治家と宮中官僚――昭和天皇のミクロコスモス」「政党政治型の原敬とプロジェクト政治型の後藤新平――司馬遼太郎流と山田風太郎流」「二・二六事件――松本清張流」「一九三〇年代精神史――大佛次郎流と伊東治正流」「占領期――安保・講和・新憲法」。いかがでしょうか。読者の皆さんに、各章を目を凝らして見ていただくと、「戦後」には失われた「戦前史のダイナミズム」が、そこはかとなく浮き彫りにされているはずなのですが。

オリジナルな発想と視角を読者の皆さんに理解していただくため、記述にあたっては、編集者の東辻浩太郎さんの協力を得て、繰り返しをいとわず、口語会話体を用い、ソフトな印象をもたせるように工夫しました。果たして読者の皆さんには「戦前史のダイナミズム」を体感していただけたでしょうか。

それにしても、放送大学教材のあの〝習作〟が〝叢書〟として立派に蘇える機会を与えて下さった放送大学と左右社に、心より感謝申し上げます。本書を、四年間、放送大学教授として我がままのし放題であった私を、寛大にも許容して下さった、西村成雄、高木保興、森岡清志、高橋和夫、坂井素思、山岡龍一の皆さんを始めとする社会と産業コースの「同志」だった先生方にささげます。放送大学の「初心」を形にして「卒業論文」にしました。どうぞ採点方、よろしくお願い申し上げます。

二〇一六年八月一日

御厨貴

創刊の辞

この叢書は、これまでに放送大学の授業で用いられた印刷教材つまりテキストの一部を、再録する形で作成されたものである。一旦作成されたテキストは、これを用いて同時に放映されるテレビ、ラジオ（一部インターネット）の放送教材が一般に四年間で閉講される関係で、やはり四年間でその使命を終える仕組みになっている。使命を終えたテキストは、それ以後世の中に登場することはない。これでは、あまりにもったいないという声が、近年、大学の内外で起こってきた。というのも放送大学のテキストは、関係する教員がその優れた研究業績を基に時間とエネルギーをかけ、文字通り精魂をこめ執筆したものだからである。これらのテキストの中には、世間で出版業界によって刊行されている新書、叢書の類と比較して遜色のない、否それを凌駕する内容のものが数多あると自負している。本叢書が豊かな文化的教養の書として、多数の読者に迎えられることを切望してやまない。

二〇〇九年二月

放送大学長　石　弘光

放送大学
学びたい人すべてに開かれた
遠隔教育の大学
〒261-8586 千葉市美浜区若葉2-11
Tel: 043-276-5111　Fax: 043-297-2781　www.ouj.ac.jp

御厨 貴（みくりや・たかし）
政治史、オーラル・ヒストリー、公共政策。東京大学名誉教授、放送大学客員教授、青山学院大学特任教授。主な著書に『政策の総合と権力』（東京大学出版会、サントリー学芸賞受賞）、『馬場恒吾の面目』（中央公論新社、吉野作造賞受賞）、『権力の館を歩く』（毎日新聞社）、『日本の近代3　明治国家の完成』（中公文庫）ほか多数。

1951年　東京都生まれ
1975年　東京大学法学部卒業、同大学法学部助手
1978年　東京都立大学法学部助教授
1988年　同大学法学部教授
1989年　ハーバード大学イェンチン研究所客員研究員
1997年　政策研究大学院大学客員教授
1999年　同大学院大学教授
2002年　東京大学先端科学技術研究センター教授
2012年　放送大学教授
　　　　東京大学先端科学技術研究センター客員教授
2013年　青山学院大学特別招聘教授
2016年　放送大学客員教授
　　　　青山学院大学特任教授

シリーズ企画：放送大学

戦前史のダイナミズム

2016年9月30日　第一刷発行

著者　御厨貴

発行者　小柳学

発行所　株式会社左右社
〒150-0002 東京都渋谷区渋谷2-7-6-502
Tel: 03-3486-6583　Fax: 03-3486-6584
http://www.sayusha.com

装幀　松田行正＋杉本聖士

印刷・製本　創栄図書印刷

Printed in Japan ISBN978-4-86528-154-5

放送大学叢書

茶の湯といけばなの歴史　日本の生活文化
熊倉功夫　定価一七一四円＋税〈三刷〉

学校と社会の現代史
竹内洋　定価一六一九円＋税

西部邁の経済思想入門
西部邁　定価一七〇〇円＋税〈三刷〉

立憲主義について　成立過程と現代
佐藤幸治　定価一八〇〇円＋税〈五刷〉

ミュージックスとの付き合い方　民族音楽学の拡がり
徳丸吉彦　定価二二〇〇円＋税

哲学の原点　ソクラテス・プラトン・アリストテレスの知恵の愛求としての哲学
天野正幸　定価三六〇〇円＋税

方丈記と住まいの文学
島内裕子　定価一八〇〇円＋税